1306

**James Patterson
& Peter De Jonge**

**Miracolo
alla diciassettesima buca**

D1630545

JAMES PATTERSON
& PETER DE JONGE

MIRACOLO
ALLA DICIASSETTESIMA
BUCA

Romanzo

Traduzione di
Claudio Carcano

TEA – Tascabili degli Editori Associati S.p.A., Milano
www.tealibri.it

Titolo originale
Miracle on the 17th Green

Prima edizione TEADUE novembre 2005

MIRACOLO ALLA DICIASSETTESIMA BUCA

Per Matthew e Joseph
Per la brava gente di Tom's River e Sleepy Hollow

PRIMA PARTE

UN PO' DI CLAMORE DA WINNETKA

CAPITOLO 1

ERA la mattina di Natale e la temperatura era di circa tre, balsamici gradi. In altre parole, una giornata perfetta per giocare a golf e io ero lì, sul fango semigelato del tee* della diciassettesima buca del Creekview Country Club di Winnetka, in Illinois.

Il mio matrimonio si stava disintegrando. I miei tre figli, che amo più della vita stessa, ultimamente non sapevano che farsene di me e avevo la terribile sensazione che a gennaio sarei stato licenziato e avrei perso il mio lavoro all'agenzia Leo Burnett. Dopodiché, forse, se tutto fosse andato nel peggiore dei modi, avrei avuto persino la possibilità di finire in mezzo a una strada.

Ah! Ah! Ah!

Mi chinai, collocai sul tee una vecchia, consumata Titleist e sbirciai controvento il lungo e stretto tracciato par 5, fiancheggiato su entrambi i lati da torreggianti olmi neri privi di foglie.

Ora, quella che segue è una di quelle ampiamente inesplicabili esperienze mistiche extracorporee, perciò,

---

* Per questo e altri termini specifici, si veda il Glossarietto in fondo al volume.

9

per cortesia, sopportatemi. O, come era solito dire Vin Scully all'inizio delle sue telecronache golfistiche, sedetevi e mettetevi comodi. Ammetto che, sulla scala dell'assoluta inverosimiglianza, si tratta probabilmente di qualcosa che corrisponde a Truman che batte Dewey e diventa presidente, a *La vita è una cosa meravigliosa* e a John Daly che vince il British Open.

Che posso dire? Alla gente succede. Le tragedie toccano ai santi. La fortuna sorride agli stupidi. Avvenimenti straordinari accadono a persone comuni. E questo è capitato a me.

Poiché si tratta di un numero cruciale in questa storia, vorrei puntualizzare che avevo cominciato il mio giro alla 17. Nonostante il disgelo fuori stagione, *era* Natale, il percorso era vuoto e la 17 era semplicemente la buca più vicina a dove avevo parcheggiato. A ogni modo, feci un tiro lungo e potente.

Niente d'insolito in questo. Lancio la pallina più lontano dei professionisti qui a Creekview. La lancio persino più distante dell'attuale campione, Mark Duffel, che ha vent'anni.

Arrancai lungo il fairway, spostai con un colpetto la pallina da un pozzetto d'irrigazione e m'impegnai nel mio secondo tiro: centottanta metri, ferro 5, rigido. Improvvisamente mi sentivo meglio. Al diavolo i miei problemi! Il golf può avere questo effetto.

E qui comincia la parte magica. A questo punto tutto diventa un po' strano e io muovo il mio primo passo su una nuova strada, verso la salvezza o la dannazione.

Eseguii un tiro così pulito e solido.

Inconsueto.

Feci uno swing così dolce e la pallina viaggiò sopra

10

l'erba come una goccia di mercurio rotola sul pavimento dopo che hai rotto il termometro.

L'inizio di un miracolo. Un segnale. Un segno.

La piccola palla bianca cadde nella piccola buca bianca con due colpi sotto il par.

Ero agganciato.

Ero eccitato.

Ero condannato.

Devo dirvi, però, che questo non è il cosiddetto «miracolo alla diciassettesima». Non ci va nemmeno vicino.

Mi affrettai a raggiungere l'inizio della buca successiva.

CAPITOLO 2

SO COSA state pensando. Cosa c'è di speciale in un putt di circa due metri e mezzo durante una partita di allenamento in un campo da golf deserto e in pieno inverno, unico testimone uno scoiattolo rosso tutto pelle e ossa saltato giù sul green in cerca di ghiande?

Lasciate che vi fornisca un mio sintetico profilo.

Se si eccettuano i tap-in e gli irrilevanti putt di base – al di sotto del metro –, non ne eseguo di inferiori ai tre metri e mezzo. Il mio soprannome, preso in prestito in maniera poco lusinghiera dall'ex campione del mondo dei pesi welter Roberto Duran, è Mani di Pietra. Ciò nonostante, sono stato campione qui al Creekview Country Club di Winnetka per cinque degli ultimi dodici anni.

Ma non fu solo questione del putt andato a segno alla 17. Tutti, prima o poi, abbiamo fortuna.

Fu *come* il putt andò a segno.

Non entrò dalla porta laterale, né inciampò sul davanti e nemmeno cominciò curvo per poi essere corretto dall'impronta di un chiodo. Fu un colpo perfetto dall'istante in cui la pallina si staccò dalla mia mazza fino a quando entrò nella buca con tutta l'esattezza di una schiacciata di Shaquille O'Neal.

Ma ancor più importante fu la *sensazione* che provai mentre eseguivo il putt. *Sapevo che avrei messo la palla in buca.*

Lo sapevo nelle mani, nelle spalle, nelle gambe e nelle ossa.

Lo sapevo con un livello di certezza che era quasi spaventoso.

Era come qualcosa che era già accaduto, e tutto quello che dovevo fare era aspettare pazientemente che il presente recuperasse.

Per la prima volta in quarant'anni riuscivo effettivamente a *vedere la linea*. Nonostante il mio soprannome, il mio problema col putting non era mai stato realmente il mio tocco. Era nei miei occhi, o in qualche punto dietro di essi, nelle «condutture» del cervello. Rotolerà a tre o due pollici? All'inizio o alla fine? La vostra ipotesi era buona come la mia.

Ma quel mattino, mentre me ne stavo in piedi a fissare il logo della Titleist, la mia dislessia da putting venne guarita. Era come se qualcuno del Dipartimento autostradale di Winnetka avesse dipinto una linea tratteggiata tra la mia pallina e la buca. O ancora meglio, avesse posato una tratta di binari grandi pressappoco come quelli del trenino di Noah, il mio figlio più piccolo. Tutto quello che dovevo fare era far partire la pallina diritta e osservarla rotolare come se procedesse su una rotaia fino al centro della buca.

Ma, come ho detto prima, non è questo il miracolo di cui sto cercando di parlarvi.

CAPITOLO 3

COME un uomo di mezza età che improvvisamente scopre che, dopotutto, Babbo Natale esiste davvero, mi affrettai a raggiungere la buca successiva. Infilai un tee nel terriccio gelido e tirai un altro forte drive sul percorso deserto.

Nelle poche ore seguenti, corsi qua e là nel paesaggio inaridito in preda a una frenesia da birdie.

Dopo aver imbucato da quindici piedi alla 18, tornai al piccolo trotto alla 1 e giocai un percorso completo, poi un altro da nove, poi ancora nove. Su trentotto buche, imbucai ventinove volte con un solo putt, marcai venti birdie e in quattro giri di nove buche non andai sopra i 33 colpi. Il tempo sembrava essersi fermato.

Durante un'inconsapevole tirata, nella quale realizzai quattro buche sotto il par di fila, il cuore prese a battermi così velocemente che dovetti appoggiarmi a un albero e costringermi a fare alcuni lenti respiri.

Temevo di stramazzare a terra e di lasciarci la pelle, falciato – come in realtà era – nel mio momento di massimo splendore. E non so che cosa mi avrebbe infastidito di più: se morire o morire prima di avere avuto la possibilità di raccontare a qualcuno di quei punteggi.

Ma la mia fantasticheria fu bruscamente interrotta.

Standomene in piedi sul green della 16 per la terza volta quel giorno, mi capitò di guardare sopra i sempreverdi a fianco del fairway. Lì, ondeggiante sopra la cima degli alberi, legato con un filo a una casa vicina, vidi un pallone raffigurante Babbo Natale.

In preda al panico, estrassi l'orologio dalla borsa. In realtà il tempo non si era fermato per nulla. Era trascorso come sempre.

Mentre me ne stavo isolato dal mondo a metà del percorso, a un quarto d'ora di cammino a passo veloce dalla mia Jeep, a un quarto d'ora di guida spericolata dalla mia casa, ero già *in ritardo di due ore e venti minuti per la cena di Natale*. Gettandomi la sacca sulla spalla, partii a razzo sul percorso deserto come un campeggiatore di Yellowstone inseguito da un pericoloso orso desideroso della *sua* cena di Natale.

O come un uomo che ha appena visto un fantasma. Il fantasma del Natale passato.

CAPITOLO 4

QUALSIASI uomo ragionevole non mancherebbe alla cena di Natale con la sua famiglia, a qualunque altro pasto o altra occasione. Ma in fondo chi lo è, ragionevole?

Sarah, mia moglie, è generosa, spiritosa, spaventosamente raffinata e stupenda, e io ne sono perdutamente innamorato da trent'anni. Lei è prima ostetrica di Winnetka e da otto anni è professore aggiunto alla University of Chicago Medical School. Ha sempre guadagnato più di quanto porti a casa io come copywriter di medio livello per l'agenzia pubblicitaria Leo Burnett, ma, almeno fino a poco fa, nessuno dei due sembrava badarci.

I nostri bambini, per usare una delle espressioni attualmente preferite da Noah, sono «una cannonata». Il che, incidentalmente, vuol dire *buoni*. Sono anche sensibili, premurosi, belli e brillanti. Somigliano a Sarah.

Elizabeth, nata l'anno dopo che ci siamo sposati, per me è veramente solo una bimba. Che in realtà ora abbia ventisette anni è qualcosa che faccio sempre fatica a credere. Non coincide con l'immagine indelebile della prima volta che la presi in braccio, qualche secondo dopo la sua nascita. E non collima nemmeno con quella del suo primo compleanno, del secondo, del terzo e di

16

quando andava alle superiori e del giorno della laurea. Anche lei medico, attualmente è al secondo anno d'internato in radiologia a Yale.

Simon, al terzo anno delle superiori, è probabilmente il mio amico più caro – sebbene ultimamente stiamo testando questo rapporto. Il ragazzo è solo così pieno di vita e onesto. Ha il fuoco vivo addosso. Benché non si sia mai interessato al golf, è l'unico altro sportivo della famiglia. Gioca nella squadra di calcio della scuola ed essendo uno dei migliori dello Stato, è stato invitato a far parte del National Junior Team il prossimo autunno.

Da ultimo, ma non da meno, c'è il nostro grande refilosofo, Noah, arrivato inaspettatamente quattro anni fa, e la cui assurda precocità verbale ci lascia a bocca aperta praticamente fin da allora. Statisticamente, azzarderei che è un genio, ma quello che davvero mi colpisce di lui è la feroce lealtà che dimostra verso il fratello maggiore.

Un giorno, lo scorso autunno, Simon ci ha sorpreso presentandosi a cena con tre cerchietti dorati penzolanti dal lobo dell'orecchio destro. Sua madre e io non ci siamo esattamente congratulati con lui per il suo nuovo look.

Dopo cinque minuti, Noah si è alzato in piedi e ha annunciato: «Se voi due non la piantate, andrò a mangiare in camera mia». Poi ci ha guardati, si è stretto nelle spalle e ha detto: «E poi, qual è il problema? È un teenager». Non sto inventando. Ha quattro anni.

Naturalmente, Simon nutre lo stesso sentimento nei confronti di Noah. In effetti, andiamo tutti assolutamente pazzi gli uni per gli altri, con la sola possibile e recente eccezione di Sarah nei miei confronti. Che cosa l'ha portata a perdere l'affetto per me? Non lo so dire per certo. Si rifiuta sempre di parlarne.

Se non ci riesco adesso non lo farò mai, dice.

Quello che riesco a capire è che mi trovo in un solco, un solco che diventa sempre più profondo, e che lei è stanca di sostenere quello che deve sembrarle un compito degno di Sisifo: tirarmi fuori. Come ha detto una volta: «Ho già tre bambini, non voglio essere sposata a un quarto». Il fatto è che lei se la cava alla grande, mentre io non faccio molto, immagino, tranne che fungere da zavorra. Sostiene anche che sono cinico nei confronti delle sue amiche, e probabilmente ha ragione.

D'altro canto, forse non l'ho mai veramente meritata e le sono occorsi ventotto anni per capirlo.

A ogni modo, quello che avevo appena fatto nel pomeriggio di Natale difficilmente avrebbe migliorato la mia posizione.

CAPITOLO 5

QUANDO finalmente entrai in cucina, mi trovai ad affrontare *cinque* paia di occhi infuriati. Non credo di avere menzionato Boris, il nostro Welsh terrier nero e marrone, che si era adeguato al cipiglio degli altri, pronto persino, forse, a ringhiare. Non era la prima volta che fronteggiavo questa particolare combriccola. Li avevo già delusi in precedenza, al punto che Simon mi aveva soprannominato Travis McKinley «il ritardatario».

«Buon Natale», mi augurò Sarah proprio con l'esatto calore e genuino spirito natalizio che mi meritavo.

«So di non avere scuse», esordii. «Mi dispiace. Quando ho guardato l'ora, giuro che non credevo ai miei occhi.»

«Non è una tragedia, caro mio», disse Elizabeth, volata lì da New Haven la sera precedente. «Ti sei perso solo la cena di Natale.»

«Sei troppo dura con lui, Liz», dichiarò Simon, riempiendo le parole di quel genere di sarcasmo offeso che solo un diciassettenne può scovare. «È solo nuovamente in preda a un lieve attacco di fifa, lo stesso in cui è sprofondato da quando Armstrong ha messo piede sulla luna.»

Poiché ci identificavamo l'un l'altro così intimamente, mi rendo conto ora che la mia lunga apatia aveva colpito Simon almeno quanto aveva influito su di me. Se avessi riordinato le idee un po' prima, forse ora non avrebbe avuto tre fori all'orecchio destro. Forse non sarebbe stato sospeso da scuola per due giorni per avere fatto a pugni nel corridoio con qualche stupido della squadra di calcio. Ma a Simon andrà tutto bene, lo giuro.

«Non preoccuparti», intervenne Noah, che odia vedere chiunque assumere un'aria miserabile, «ce ne sarà un'altra esattamente fra trecentosessantacinque giorni.»

«Oh, non ne sarei tanto sicura», sentenziò Sarah. «Almeno, non una a cui tu sia invitato.»

Rimasi in piedi, con il volto coperto di fango e di sudore, e di sangue raggrumato sul mento, dove un ramo mi aveva graffiato mentre correvo a tutta velocità nei boschi. Fissai disperatamente Sarah, che indossava un semplice abito nero e si era tirata indietro i capelli. Continuava a scuotere la testa, e l'espressione che aveva sul viso era pura quanto può esserlo il disgusto.

«So che nessuno ci crederà o lo troverà interessante», dissi, «ma mentre ero là fuori ho avuto un'esperienza semireligiosa.»

«Cosa? Hai finalmente imbucato qualche putt?» sbuffò Elizabeth, provocando l'ilarità generale e un'occhiata particolarmente allegra da sua madre.

Quando imparerò a tenere chiusa la mia boccaccia? L'unica nota positiva era che la mia folle corsa tra i boschi mi aveva fatto arrivare a casa in tempo per lavare i piatti e mettere in ordine. Noah, da anima nobile qual è, rimase in cucina per aiutarmi ad asciugarli. Il lavoro e la sua compagnia distolsero temporaneamente la mia mente dalla paralizzante paura di essere riuscito alla fine a incasinare tutto una volta di troppo e di perdere il mio posto in questa famiglia.

A meno che non fosse già successo.

CAPITOLO 6

QUELLA notte, gli Stati centro-occidentali furono investiti dalla prima vera tempesta di neve dell'inverno. La città che nemmeno il predicatore Billy Sunday riuscì a chiudere, quella volta lo fu.

Pur gradendo la chiusura degli uffici e la temporanea interruzione del flusso di posta indesiderata e di fatture, morivo dalla voglia di tornare sul campo di golf e di scoprire se riuscivo ancora a vedere la linea su cui tirare i miei putt. I miei progressi erano permanenti, o solo una bazzecola nel cosmo, un regalo di Natale inviatomi da Dio e durato un solo giorno?

Dovettero trascorrere cinque giorni prima che la neve si fosse sciolta abbastanza e io e i miei abituali compagni di golf, Ron Claiborne, Joe Barreiro e Charles Hall, potessimo recarci fino a Medinah, uno dei più bei campi del paese, di cui il suocero di Ron era socio.

Medinah è un lungo, stretto e difficile percorso. Quando nel 1990 ospitò l'U.S. Open, il punteggio migliore dell'intera settimana fu un 67 di Hale Irwin.

Fu esattamente quello che ottenni io. Con tutti i bonus supplementari per scommesse varie lungo il giro, le mie vincite furono più che sufficienti per offrire da mangiare e bere al Men's Grill.

Quel pomeriggio, avevamo il locale tutto per noi. Mentre sedevamo in un angolo dell'enorme stanza rivestita di pannelli di legno, a dire sciocchezze e a rosolare nella nostra mezza età, presi un cucchiaio e lo battei sul bicchiere mezzo vuoto di Amstel Light di Ron.

«Signori, sono felice che siate tutti seduti, perché ho da farvi un annuncio piuttosto scioccante», annunciai.

«Stai per farti una vasectomia», disse Ron. «Congratulazioni.»

«Sarebbe un'operazione inutile», commentò Joe.

«M'iscrivo alla Senior Tour Qualifying School», spiegai io interrompendo la loro manifesta ilarità. «Comincia tra due settimane, a Tallahassee.»

Il silenzio era assordante. Giocavo con quei ragazzi da venticinque anni. Erano tutti dilettanti locali d'alto livello ed ex giocatori al college, e fino all'improvviso miglioramento del mio putting, non so nemmeno se ero io il giocatore migliore seduto al tavolo.

«Ci vuole più di un 67 per battersi con Lee Trevino e Jimmy Colbert ogni settimana», sentenziò infine Ron. «Sei andato completamente fuori di testa, tanto per usare un'espressione gentile.» Sembrava quasi arrabbiato.

«Apprezzo la fiducia che dimostrate», replicai io. «Davvero, sono commosso. Sono sceso sotto il par in sei giri di nove buche di fila e mi è successo qualcosa di incontrollabile nel putting.»

«Non dire stronzate», disse Joe.

«Non è questo il punto», replicai io. «Il fatto è che è ciò che desidero, e per una volta, prima che sia trop-

23

po tardi, mi piacerebbe sapere come ci si sente almeno a provare a fare quello che si vuole.»

«Ti sei già accaparrato il lavoro più comodo di tutto il mondo occidentale», commentò Joe. «Alternare superlativi nei jingle di McDonald's. Voglio dire, quante idee puoi tirar fuori per far rima con "panino ai semi di sesamo"?»

«Lo odio quel lavoro», commentai io con una veemenza che sorprese persino me. «E lo odio da ventitré anni.»

«Ascolta», cominciò Joe, mettendomi una mano sulla spalla, «se sei davvero nei guai all'agenzia, chiama Stan Isaacs al *Tribune*. Ti assumerebbe all'istante.»

Gemetti, forte. «Ho sì un problema all'agenzia. In breve hanno in progetto di silurare un quinto del personale del reparto. Stanno giusto aspettando che passi Natale. Ma non è questo il dannato punto.»

«Sembra che non riusciamo a capire il nocciolo della questione, ragazzi», riepilogò Charles.

«Sono stanco di umiliarmi per avere il diritto di continuare a fare qualcosa che non voglio assolutamente fare. L'altro giorno, sono passato davanti alla camera di Simon mentre lui ascoltava un CD, e quel rabbioso pezzo *grunge* si sentiva da dietro la porta. Forse sono destinato a rimanere bloccato alla mia adolescenza per sempre, ma so *esattamente* che cosa intendevano dire questi giovani mutanti. Conosco la vita di cui hanno paura: la vivo.»

«A proposito, Travis», fece Joe, «che cosa ne pensa l'amorevole e dotata Sarah di queste tue improvvise ambizioni sportive?»

«In realtà, non gliel'ho ancora detto», ammisi. *Confidato* è il verbo che probabilmente avrei dovuto usare.

All'improvviso, tre uomini di mezza età scoppiarono a ridere talmente forte che ben presto le lacrime cominciarono a scorrere sulle loro guance.

Non una parola da nessuno di loro, solo risate. Nemmeno un sostenitore nel mucchio.

CAPITOLO 7

LA SOLA e unica ragione per cui Sarah e io uscimmo per festeggiare il Nuovo Anno fu che non farlo avrebbe comportato fornire troppe spiegazioni ambiguamente dolorose ai ragazzi. In particolare a Elizabeth che, percependo che qualcosa non andava, aveva insistito per fare la baby-sitter di Noah e praticamente ci aveva cacciati fuori dalla porta.

«Mi sento come se ci avessero appena combinato il nostro primo appuntamento», dissi mentre uscivamo in retromarcia dal vialetto d'accesso. Cercavo di alleggerire la situazione.

«Ma a farlo sono stati i nostri figli invece dei nostri genitori», precisò Sarah. Anche lei cercava di prenderla alla leggera.

Winnetka vanta un ristorante francese sorprendentemente buono, La Provence, un elegante locale all'ultimo piano del più alto edificio commerciale della città, e fu lì che Sarah e io, nel nostro quarto decennio di traballante cammino comune, ci recammo per dare il benvenuto all'anno nuovo. Quella sera si esibiva un giovane cantante rétro di New Orleans accompagnato da un sestetto ed era previsto che si ballasse. La notte era così

26

fredda e chiara che dal nostro tavolo d'angolo riuscivamo a vedere le luci sulla riva canadese del Lago Michigan.

Avevo progettato di usare quella parentesi insieme per raccontare a Sarah della Q-School e delle mie speranze di giocare il Senior Tour. Invece, mi ritrovai a lottare per colmare imbarazzanti silenzi. E sebbene avessi sicuramente cose terribilmente importanti da dirle, il vedermela davanti, così attraente eppure tanto distante, fece sembrare qualsiasi altra discussione quasi irrilevante.

Mentre descrivo i miei problemi con Sarah, temo che possiate avere l'impressione che si trattasse di qualcosa rispetto alla quale fossi in grado di tener duro o di abituarmi, ma non è così. Era più come lasciare che il cuore si spezzasse, in maniere leggermente differenti, ogni giorno da due anni. Forse anche da più tempo.

Parte del problema, sebbene odi ammetterlo, è che sono arrivato a sentirmi il «marito della dottoressa McKinley». Sono orgoglioso di Sarah e della sua notevole competenza fin dal giorno in cui l'ho conosciuta. Davvero. E non è che lei pensasse di sposare un futuro capitano d'industria. Ma, di fatto, le nostre carriere da un po' di tempo a questa parte si sono sviluppate in direzioni opposte, e sebbene le assicuri che questo non m'infastidisce, in effetti mi brucia. La sensazione di ineguaglianza si è intrufolata persino nella nostra camera da letto, se mi capite, e se ne sta appesa sopra il nostro letto come uno di quegli specchi deformanti dei luna-park.

A ogni modo, voglio risolvere la questione, non lamentarmi né compiangermi. Solo che non so come fare. Una volta che una persona comincia a considerarsi un po' afflitta per la sua relazione con il partner, è dura. Perché come si fa a parlarne con l'altro senza sentirsi ancor più patetici e insicuri? È straziante. Posso fermarmi qui?

«Perché mi stai fissando?» chiese Sarah alla fine.

«Perché sei bella», risposi io. Sarah, che indossava un vestito di velluto verde e orecchini d'oro, in effetti aveva un aspetto splendido; quello che in realtà stavo facendo era cercare un'ombra di affetto nei suoi occhi. Avevo bisogno di parlare con lei. Avevo cose importanti da dire, a Sarah e a nessun altro. Ma non volevo raccontarle a qualcuno che mi guardava come se fossi un estraneo.

Per molti anni ero stato sicuro del suo amore. A volte quella era stata la mia unica certezza. *Be', se tutto il resto viene a mancare, Sarah continuerà ugualmente ad amarmi.* Ora anche questo era incerto come tutte le altre cose.

Ciò nonostante, mentre mangiavamo e bevevamo, entrambi ci rilassammo. E quasi a dispetto di noi stessi, cominciammo a godere della reciproca compagnia.

Mi ricordava quanto mi mancasse anche solo parlare con Sarah, quanto mi piaceva ricevere le sue telefonate durante la giornata. Poiché gli uomini non maturano mai, almeno tra di loro, Sarah costituiva per molti versi il mio unico rapporto adulto, di cui sentivo enormemente la mancanza.

Dopo cena la band cominciò a suonare alcuni dei brani più famosi di Cole Porter e, per quanto duramente il giovane aspirante Sinatra cercasse di massacrarle, le canzoni erano fin troppo belle.

«Potremmo anche ballare», disse Sarah. Forse non intendeva essere tagliente, ma lo fu.

«Ed è persino un lento», replicai io con una finta lascivia che non era assolutamente sarcastica come pretendeva di essere.

L'orchestra suonava *I Love Paris* e io stringevo Sarah a me per quella che mi sembrava la prima volta da mesi – perché lo era – e sebbene lei non si sentisse esattamente mia, si sentiva realmente bene.

Abbassai lo sguardo sulla sua mano e ripensai al primo giorno della nostra luna di miele in California: quando la risacca le aveva tolto l'anello di fidanzamento dal dito. L'anello era andato perduto, ma Sarah aveva insistito nel non volerlo rimpiazzare. «Qualunque altro anello mi darebbe la sensazione che stiamo cominciando da capo», spiegò, «ma noi non stiamo ricominciando.» Era esattamente quel genere di eccentrica caparbietà per la quale amavo e ammiravo Sarah, ma forse era anche un presagio.

E forse lo fu anche il fatto che a metà del nostro secondo ballo il cercapersone di Sarah suonò. Una delle sue pazienti aveva appena iniziato il travaglio. Lei doveva incontrare la giovane coppia in ospedale entro venti minuti.

«Non c'è nessuno che ti sostituisca per stasera?» domandai, sperando di non sembrare troppo disperato. Non le avevo ancora detto della Q-School. Dovevo dirglielo. Se c'era qualcuno in grado di capire, quella era Sarah. Voglio dire, non c'eravamo messi assieme principalmente perché sentivamo di poter condividere i nostri sogni?

«No, è il mio turno», rispose Sarah, che ovviamente

si era offerta volontaria per lavorare nelle festività. Le cose stavano così. La festa era finita.

«Bene, non sei mai stata più carina», dissi esibendo il mio più vivace e stupido mezzo sorriso. «Qualche piccolino sta per avere uno splendido benvenuto.»

Sarah mi accompagnò a casa prima di andare all'ospedale.

«Buon Anno, Travis. Mi dispiace.» Se la cavò così.

«Già, anche a me», replicai io. «Felice Anno Nuovo. Fai i miei auguri al nuovo nato.»

Tirai fuori una bottiglia di Wild Turkey e ascoltai Sinatra cantare quelle dannate canzoni come si deve.

Poi mi addormentai sul divano, sognando una donna che portava un vestito verde scuro e orecchini d'oro, con la quale desideravo parlare più di quanto le parole possano dire.

CAPITOLO 8

MENTRE lo scintillante ascensore cromato saliva verso il ventottesimo piano del colosso pubblicitario di Chicago della Leo Burnett and Company, non posso negare di avere avuto una piacevole sensazione da primo giorno di scuola per esservi ritornato.

Il ventottesimo piano non prometteva miracoli, ma comunque, chi volevo prendere in giro? Nella mia carriera avevo ormai superato la fase miracolistica.

Suppongo che la Burnett meriti qualche riconoscimento per lo sforzo di sembrare un posto amichevole, famigliare. In tutte le zone di reception c'è un cestino di lucide mele rosse. Il libro strenna natalizio è su un argomento che potrebbe vagamente interessare. Per il tuo compleanno, il biglietto d'auguri è firmato dal presidente. Ma, a essere onesti, l'intera cultura del « pensate a noi come a una famiglia » mi ha sempre fatto accapponare la pelle, come una bella messa in piega è qualcosa di più raccapricciante di una brutta parrucca.

Nonostante le sue piacevolezze, la pubblicità per me non è mai stata nulla più di un lavoro. O un terribile errore. Un errore a cui non ho mai trovato il modo di rimediare.

L'aspetto insidioso della pubblicità è che richiedendo una così bassa produttività ti può rovinare per qualsiasi altro tipo di occupazione. Hai una buona idea all'anno e sei considerato una rotella preziosa dell'ingranaggio. Ne hai una al mese e cammini sull'acqua. Tranne che per i politici, e forse per gli sceneggiatori, in quale altro campo puoi andare al lavoro ogni giorno per cinque anni, non produrre letteralmente nulla ed essere ugualmente pagato? Naturalmente, è un trabocchetto. Perché quando arriva il tuo tempo, anche le superstar della pubblicità hanno circa quattro minuti per parlare in loro difesa. Lo chiamano il «dire tutto d'un fiato», ma il mio repertorio è datato, impolverato e forse persino arrugginito.

Tuttavia, non posso negare di essermi fatto alcuni buoni amici, e uno dei più cari è la prima persona che salutai appena rientrato, Richard Bellistrano, che negli ultimi dieci anni ha sbattuto sulle sbarre della cella accanto alla mia.

Oltre a essere la persona più divertente che abbia mai conosciuto, Richard mi ha sempre offerto la generosa garanzia che a prescindere da quanto giù possa essere io, lui si sente potenzialmente peggio. D'altra parte, infelicità e tormento autocosciente sono l'ossigeno di Richard, la sua gag migliore e più ripetuta. Immaginare Richard felice è come vagheggiare un mondo in cui giustizia e merito hanno prevalso. È inimmaginabile. E sebbene parli con fervore di licenziarsi ogni giorno da quando lo conosco, non credo che abbia preso seriamente in considerazione questa ipotesi nemmeno per un nanosecondo. Dove, se non in questi corridoi non consacrati, potrebbe avere la garanzia di sentirsi ostacolato e fottuto?

«Buongiorno, Richard.»

«Lasciami stare», replicò Richard. «Sono di umore nero.»

«Come sono andate le vacanze?» domandai.

«Hai visto *Nightmare 4*»?

Trascorsi la mattinata lavorando a una pubblicità per un ennesimo, nuovo, gustoso ma salutare cereale Kellogg's – «Con il latte niente lo batte», fu probabilmente il risultato migliore che riuscii a ottenere – poi uscii a pranzo.

Quando ritornai, Mike Kidd, il rampante direttore creativo con codino, era seduto sul mio divanetto. Non era un buon segno. Se a visitarmi fosse stata la morte in persona non sarebbe stato molto peggio. L'insalata di pollo del pranzo si gonfiò nel mio stomaco.

I piedini calzati in mocassini Gucci di Kidd batterono involontariamente sul tappeto, sebbene fosse difficile stabilire se per nervosismo o solo eccitazione. In ogni caso, andò subito al punto. Era quello lo stile di Kidd, la sua forza, per così dire.

«Travis, stiamo per lasciarti andare», annunciò.

Come qualsiasi altra catastrofe, naturale o no, l'essere licenziato possiede una sua bizzarra, indeterminata qualità. La repentinità. Le devastanti conseguenze. Il fatto di essere un evento definitivo.

Anche se stava succedendo a me – A me! – non ero che uno sbigottito spettatore, poiché non potevo fare altro che guardare e ascoltare, e aspettare che finisse.

Vorrei potervi dire che ne ero felice. Dopotutto, odiare il mio lavoro era una delle vere passioni della mia vita. Vorrei potervi dire che ero persino un poco grato di avere ricevuto una spinta più che necessaria. Ma in realtà me l'ero fatta addosso per lo spavento.

Improvvisamente tutti i timori che mi avevano trattenuto lì tanto a lungo si erano liberati nel mio cervello. Anche con due stipendi, non riuscivamo a risparmiare abbastanza.

Che cosa avremmo fatto ora? Per quando Noah fosse stato pronto per entrare al college, le tasse scolastiche probabilmente sarebbero ammontate a centomila dollari all'anno. Capii a stento una parola, mentre Kidd blaterava della mia generosa indennità di licenziamento e dell'ottimo servizio cui ora potevo accedere, chiamato «ricollocamento».

Quello che mi mandava in bestia era che a quel piccolo bastardo chiaramente piaceva quello che stava facendo. Kidd assaporava l'esercizio del potere. Forse lo faceva sentire un po' più furbo. Più affascinante. Qualche centimetro più alto.

Rimasi muto così a lungo che persino Kidd cominciò a sembrare a disagio sul mio divano. Forse aveva notato qualcosa nella mia espressione. Non che stessi per sparargli o chissà che. Persino io devo ammettere che quello non era il modo di fare di Mike Kidd.

«Per quanto tempo hai lavorato qui?» mi domandò alla fine.

«Ventitré anni», risposi io. *Incredibile sentire quelle parole uscire dalla mia bocca.*

«Accidenti. A quest'ora avresti potuto essere direttore. Voglio dire...»

«Va bene, Mike. Non preoccuparti.»

«Devi avere cominciato da giovane. Adesso non puoi avere più di quarantadue, quarantatré anni.»

«In effetti, ne ho cinquanta.»

Si alzò dal mio divano. «Al Personale ti forniranno tutte le informazioni che ti servono, Travis.» Mi strinse la mano e se ne andò.

Ero fuori dalla pubblicità.

Ero libero. Potevo fare tutto quello che volevo.

Senza dire una parola a chicchessia, né fermarmi all'ufficio del personale, afferrai il cappotto e mi diressi all'uscita. Ebbi appena il tempo di svoltare l'angolo prima di piegarmi in due e vomitare il pollo su una delle lucide pietre nere alla base dell'insegna della Leo Burnett and Company.

Ah, il dolce sapore della libertà.

CAPITOLO 9

COME dice quel detto? Stai attento a quello che desideri, perché potresti ottenerlo.

Senza pensare alla meta, mi diressi a nord sulla Clark
e, senza sapere perché, tranne che vomitare ti fa quasi
sempre sentire meglio, la sensazione di essere predesti-
nato aumentava.

Avevo un piano. Non avevo forse un piano? Indubbiamente mi serviva un piano.

Mi ricordai di quanto mi piaceva questa grande,
aperta città situata nel centro dell'America. Non c'è
nulla di sofisticato, nulla di pretenzioso in essa. È un
luogo con inverni lunghi e rigidi e prolungate, belle
estati, durante le quali la gente si dà da fare; mentre ol-
trepassavo gli affollati bar, le pizzerie, i caffè e le librerie, un paio di settimane dopo i cinquanta, in un punto
imprecisato a metà della mia vita, sapevo di avere ancora tanta voglia di mettermi alla prova.

Mike Kidd mi dava quarantadue anni. Diavolo, stentavo a credere io stesso di averne cinquanta. Mi sentivo
più un trentasettenne, o un ventottenne, o un quattor-
dicenne.

Ma a prescindere da come apparivo o da come mi

sentivo, era indubbio che il tempo cominciava a essere prezioso. Il contatore girava. E se volevo concludere qualcosa di rilevante in questo ultimo terzo o che altro della mia vita, dovevo andare avanti.

Come ora.

Senza pensarci due volte, trovai uno sportello automatico e trasferii tremila dollari dal mio conto di risparmio a quello corrente.

Acquistai buste e francobolli e spedii i miei tremila dollari di tassa d'iscrizione alla Senior Q-School presso l'ufficio PGA di Ponte Vedra Beach, Florida. È quello che si presume si faccia quando ti licenziano, no? Spendere tremila dollari nella prima ora solo per lasciar scorrere il sangue nelle vene.

Poi andai in un locale greco, dove scrissi una lunga, toccante lettera a Elizabeth. Lei aveva già ripreso la strada per New Haven. Nella lettera, descrissi la giornata che avevo avuto fino a quel momento, i miei progetti per il futuro, ma soprattutto dissi a Elizabeth quanto l'amavo. Dovevo sembrare sconvolto, perché quando alla fine mi alzai per pagare, le cameriere mi guardavano tutte in modo strano.

Anche dopo avere portato a termine quel compito, era ancora solo metà pomeriggio. Presi uno dei primi treni per tornare a Winnetka. Passai a recuperare Noah alla scuola materna e insieme andammo in una rosticceria.

Quando Simon e Sarah tornarono a casa, ero pronto ad accoglierli con linguine e sugo ai molluschi, pane all'aglio e un'insalatona composta da tre tipi di lattuga, che guarda caso era una delle preferite di Sarah.

Continuavo a pensare: *devo parlare con Sarah. Ho bi-*

sogno di parlarle. E il non averlo ancora fatto conferì al pasto un sapore da Ultima Cena.

«Nessuno si chiede», domandai appena ebbero avuto modo di mangiare due bocconi, «come mai il primo giorno di lavoro del nuovo anno sono riuscito a tornare a casa talmente presto da permettere a Noah e a me di preparare questo pasto così gradevole e ricco di aglio?»

«Ha fatto quasi tutto papà», precisò con voce stridula Noah, «ma io gli ho dato una cosa che ha chiamato "sostegno morale".»

«D'accordo, Travis», intervenne Sarah, «come mai sei tornato così presto?»

«Perché sono stato licenziato, cara», risposi con voce leggermente incrinata. «Gradisci dell'altro vino?»

«Molto gentile da parte tua, Travis, ma non capisco perché abbiamo dovuto festeggiare il tuo licenziamento.»

Trassi un profondo respiro. «Hai ragione. Essere licenziato è stato solo il preludio. Questa modesta celebrazione è per quello che ho deciso di fare dopo.»

«E cioè?» domandò Simon.

Espirai l'aria che avevo inspirato. «Andrò alla Qualifying School. Voglio tentare di partecipare al Senior Tour. Penso di avere un tiro davvero buono.»

«Credevo che avessi finito di andare a scuola», commentò Noah.

«È una scuola per adulti», spiegai pazientemente.

«Fossi in te non farei affermazioni azzardate», mi avvertì Sarah.

La guardai, e lei mi lanciò un'occhiata talmente penetrante che avrebbe potuto risultare fatale se non fosse stata mitigata da un accenno di sorriso.

Volevo parlarle della Q-School il primo dell'anno, ma il fatto di non averla chiamata nel pomeriggio era la prova innegabile di quanto le cose andassero male tra di noi.

«Travis, ho solo una domanda», continuò lei. «Quando, come dici tu, entrerai in questa cosiddetta Qualifying School, dove vuoi che ti sia recapitata la posta?»

Noah intervenne di nuovo: «È così che ti hanno detto al lavoro, papà, "Sei licenziato!" come nei cartoni?»

«In realtà, le parole esatte sono state: "Travis, stiamo per lasciarti andare"... Sarah, *ho cercato di dirtelo*», le sussurrai.

«Gli avevi chiesto se potevi andare da qualche parte?» insistette Noah.

«No, si sono solo espressi in questo modo. Si chiama eufemismo.»

«Un ufenismo», storpiò Noah.

Sarah si alzò da tavola e uscì dalla stanza mentre io continuai a parlare con i ragazzi, rispondendo come meglio potevo alle loro domande.

Spiegai, principalmente a Noah, poiché Simon aveva già abbastanza familiarità con il concetto, che Q-School era il nome di un grandissimo torneo che si tiene periodicamente, e i primi otto classificati del quale cominciano a giocare per un anno nel Senior Tour, una serie di tornei professionistici per golfisti cinquantenni e ultracinquantenni che si tengono in tutto il paese quasi ogni settimana. La maggior parte dei posti, dissi, va automaticamente a giocatori come Jack Nicklaus, Arnold Palmer e Lee Trevino, professionisti che erano star nel circuito regolare, ma ogni anno ci sono otto posti liberi che, almeno in teoria, chiunque può conquistare. Entrambi s'illuminarono al pensiero del loro papà che giocava con dei professionisti, e in particolare Simon. Era come se noi due stessimo strisciando fuori dal nostro malessere insieme.

Ma Sarah e io apparentemente non avevamo più nulla di cui discutere, e questo era tutto.

Che tristezza. Uno stato d'animo diffuso in questi giorni, no?

CAPITOLO 10

IL POMERIGGIO seguente, Edwin Joseph McKinley, mio nonno di novantadue anni, era piazzato nel mezzo del fairway della 12 del Creekview Country Club.

Lasciò cadere tre Titleist sull'erba gelata.

In considerazione del grado e mezzo di temperatura, indossava una camicia di flanella rossa abbottonata ma lasciata aperta sul collo, un pesante cardigan e pantaloni di velluto a coste grosse, un cappello di lana, stivali e un giaccone da lavoro marrone chiaro, del tipo che portava quando lui e un suo amico avevano costruito la casa dei miei genitori, la casa in cui ero nato, cinquant'anni prima.

A una distanza di circa quaranta metri, direttamente tra noi e il piccolo green, s'innalzava una grande e spoglia quercia.

«Va bene», disse mio nonno con quella sua voce aspra divenuta ormai sottile ma ancora piena di determinazione, «sei a duecentoventi metri dal bordo anteriore del green. Per il primo tiro, voglio uno slice che faccia girare la palla attorno all'albero, da sinistra a destra.»

Io presi un ferro 2, trassi un profondo respiro, piegai

la testa a destra e a sinistra e tirai un energico colpo basso che raggiunse il bordo destro del green.

«Così va bene», commentò il nonno. «Adesso, uno hook.»

Con lo stesso bastone e il medesimo essenziale swing, tirai la pallina attorno all'albero, da destra a sinistra. Poiché mi ha introdotto al gioco quarantadue anni fa, mio nonno è stato il mio unico istruttore. Mi ha insegnato il mio swing e il mio modo di giocare, oltre a molte altre cose almeno altrettanto preziose. «Non esiste una palla diritta», era uno dei suoi principi preferiti. «Se non elabori il tiro, non giochi a golf.»

Se il rapporto con mio padre, morto tre anni fa di attacco cardiaco, è stato complesso e insoddisfacente, quello con il nonno è da sempre semplicemente fraterno. Io lo adoro, e lui prova un enorme piacere a farsi adorare. Mi è sempre piaciuto tutto di lui e continua a piacermi. La sua risata, il suo profumo, il contatto con la sua pelle, il fatto che sia stato carpentiere e meccanico, che non si sia mai diplomato e che gli piacesse boxare.

Fratello maggiore e guardia del corpo di un'enorme famiglia agricola di undici bambini, mio nonno è il più duro e il più gentile degli uomini. Sebbene negli ultimi anni abbia cominciato a rimpicciolirsi e a perdere chili uno dopo l'altro, come se il suo corpo guidato da un'intelligenza tutta sua si stesse dando una forma aerodinamica in vista della vecchiaia, nel suo massimo splendore era alto un metro e settantacinque, pesava poco più di un quintale ed era l'uomo più forte di Winnetka.

Noah, mio figlio piccolo, è fissato con i supereroi, in particolare con gli X-Men come Cyclops, Wolverine e

Metalhead, e da ragazzino mio nonno soddisfaceva un mio analogo bisogno. Posso descrivere in ogni dettaglio ognuno dei suoi incontri fuori programma di una carriera pugilistica cominciata a undici anni e terminata alla fine dei quaranta, ma una storia caratteristica era quella di quando, ventenne, si era recato per la prima volta a Chicago al volante della sua Ford nuova di pacca e un tassista, spazientito dalla sua guida esitante, gli aveva urlato: «Tornatene alla fattoria!»

Poiché quello era proprio il posto da cui veniva, e dove sarebbe presto tornato, il suggerimento era particolarmente irritante, per quanto l'autista di taxi sarebbe andato incontro allo stesso destino se avesse urlato una frase più generica tipo: «Non ho mica tutto il giorno, amico!»

Oltre a essere un pessimo guidatore, mio nonno non tollera critiche al riguardo, da nessuno che non sia un consanguineo.

Perciò fermò l'auto in un parcheggio, raggiunse a piedi il tassista e lo tirò fuori di peso dal finestrino.

Da ragazzino magro come uno stecco, occhialuto e quasi emaciato, il cui distante padre sembrava non avere nessun collegamento visibile con il mondo fisico, io mi aggrappavo a queste storie come a una preziosa eredità, spesso sollecitandolo a raccontarmi di nuovo questa o quella. Alla fine mio nonno inclinava il capo e rideva, con un piacere che era puro, legittimo ed essenzialmente delicato come la neve che copre ancora a tratti questo percorso.

Come maestro di golf, era esigente. Mi iniziò al gioco quando avevo otto anni, ma non mi lasciò giocare la mia prima partita finché non ebbi passato tre anni a colpire palline sul campo pratica, e a esercitarmi sopra e intorno al green. Iniziava sempre i nostri percorsi insieme – furono letteralmente migliaia – con la stessa concisa ma festosa sfida: «Niente cose facili. Niente stufati con gli avanzi. Niente stupidaggini. Si gioca a golf».

Ma chiariva sempre che il suo rigore si basava sul rispetto che nutriva per il gioco e per me, e che se lo affrontavamo nella maniera giusta e precisa, non esistevano limiti a quello che avrei potuto realizzare.

Sospetto che tutta la sicurezza che ho come persona in questo mondo si basi direttamente su quello che, da molto giovane su questo preciso percorso, mio nonno mi abbia dato l'opportunità di guadagnare.

«Il terzo tiro è facile», disse. «Lancia la palla sopra quel dannato albero.»

Per un istante, fui talmente sopraffatto dall'affetto per quel debole, vecchio sempliciotto, da non riuscire a vedere la pallina. Quante altre lezioni di gioco avrei avuto? Quella sarebbe stata l'ultima? Il tempo, come dicevo, si faceva sempre più prezioso. Sebbene non possa dire che sia questa la ragione per cui il ferro 2 finì contro i rami sopra di me.

«Nonno», cominciai. «Ieri sono stato licenziato.»

«Bene, allora farai meglio a imparare come spedire la pallina un po' più in alto.»

«Su questo hai ragione», continuai, «perché voglio tentare il Senior Tour. Non pensi che mi stia prendendo in giro da solo, vero?»

«Penso che ti stai prendendo in giro da trent'anni», replicò lui. «Ho sempre pensato che avresti dovuto tentare di farlo, ma i tuoi genitori pensavano che fossi matto. Troppo rischioso, dicevano, perciò non ci ho messo becco.»

«Non credi che sia troppo tardi?»

«Cielo, no. È arrivato il momento che cerchi di guadagnarti onestamente da vivere.»

«Le cose non vanno troppo bene nemmeno con Sarah», confessai, convinto a quel punto che fosse meglio raccontare tutto.

«Potrebbe esserci un collegamento», disse lui. «Un tizio che odia il lavoro che fa non può essere troppo affascinante a casa.»

SECONDA PARTE

IL TOUR MIRACOLOSO

CAPITOLO 11

SE QUESTO fosse un film, e spero che lo diventi presto, i produttori avrebbero acquistato una canzone con un ritmo sincopato come *Taking Care of Business, Working Overtime* e mostrato una sequenza di me che mi alleno furiosamente, migliorando dall'assoluta inettitudine a una competenza molto titubante per preparare me e il mio gioco alla Senior Tour Q-School. Una sorta di versione deliziosamente geriatrica di Rocky che succhia uova e sale di corsa i gradini del municipio di Philadelphia.

Non avevo tempo per certe cose.

Due giorni dopo buttai qualche vestito in una vecchia valigia, insieme al mio certificato di nascita e a un migliaio di dollari in traveler's cheques. Presi le mie mazze, le scarpe da golf e qualche cassetta di Sinatra e di Tom Petty.

Sarah mi accompagnò in macchina all'aeroporto O'Hare e mi diede persino un bacio (sulla guancia) prima che passassi dal metal detector. La sera prima finalmente avevamo avuto una vera conversazione, e io avevo cercato di spiegarle quanto fosse importante per me fare quel tentativo. Non posso dire che fosse contenta della decisione, e chiaramente non era entusiasta della prospettiva di sostenere economicamente la nostra famiglia se avessi fallito, qualcosa che essenzialmente pensava stesse già facendo.

«Perché non ti sei buttato venticinque anni fa?» mi aveva domandato a un certo punto, e io non avevo saputo proprio cosa rispondere. Venticinque anni fa, anche se avessi avuto un putt eccezionale, per niente al mondo avrei lasciato Sarah ed Elizabeth per una vita in stanze d'albergo, ma ora, stranamente, quasi non avevo scelta.

«Buona fortuna», mi disse. «Ce la farai, Travis.» Tutto qui. Non era esattamente *Casablanca*, ma era più di quanto mi aspettassi.

Un quarto d'ora dopo ero rannicchiato in un posto in classe economica su un volo notturno per Tampa. Mentre sedevo con i piedi contro la paratia e sbirciavo, fuori dal finestrino, le luci di Chicago sfilare sotto il velivolo, pensavo a una frase che un mio compagno delle superiori amava dire: «Quando tutto diventa strano, lo strano diventa un lato positivo».

Forse ero un pazzo che ingannava se stesso, che presto avrebbe guardato indietro a quei tre decenni trascorsi nella prigione dorata della pubblicità con nostalgico, ardente rimpianto, ma nelle ultime due settimane le cose si erano fatte molto più interessanti, e inspiegabili, e io ero in procinto di diventare professionista.

A Tampa noleggiai un altro angusto sedile, questa volta in una Chevy molto compatta, e con *Come Fly with Me* e *Imagination* di Sinatra che fungevano da antifone gemelle, affrontai le tre ore di guida fino a Tallahassee, dove giunsi subito dopo mezzanotte.

La Q-School e il round finale dell'Eastern Regional, anch'esso cancellato dall'uragano Eunice, si sarebbero tenuti in un grande resort chiamato Tallahassee Dunes, e poiché ero ancora troppo eccitato per dormire, andai a dare un'occhiata.

Il parcheggio era enorme e, tranne che per una fila di golf car coperti da un telone impermeabile, completamente vuoto. L'ampio piazzale crepato, pieno di buche e macchiato di olio d'auto, sembrava una superficie dei tre quarti della luna che splendeva in cielo.

Parcheggiai accanto all'edificio principale e m'incamminai verso quella che presupponevo essere il green della diciottesima buca.

Osservai con attenzione la sua tranquilla forma da ameba. Alla luce lunare, la superficie ondulata di erba rasata assomigliava a uno stagno, e dietro di esso il resto del percorso s'allontanava seducente nella semioscurità, come un sogno.

Senza deciderlo coscientemente, cominciai a vagabondare in quel sogno.

Sarà perché il nonno non mi ha lasciato giocare la mia prima partita per tre anni, ma per me un campo da golf è sempre stato una sorta di sacro recinto, dove le preoccupazioni esterne hanno il permesso d'introdursi solo alle mie condizioni. Fin da bambino mi sono sempre sentito un po' un outsider, ma su un percorso mi sentivo l'opposto, come se la stessa energia della terra penetrasse in me attraverso i piedi.

Nella successiva ora e mezzo, coprii a piedi l'intero percorso. La luce era sufficiente per notare che non c'era nulla di lussuoso in quel tracciato, solo un tratto conciato male e scarsamente irrigato di pino nano della

51

Florida, ma la struttura era buona e mi ci volle poco perché mi piacesse.

Mi piaceva come lo sentivo sotto i piedi. Qui è dove emergerò, mi dissi.

Quando raggiunsi un tratto molto aperto nel centro di quello che poi scoprii essere il fairway della 16, che come tutte le zone di tutte le altre buche alle Dunes avrebbe avuto un ruolo intimo e cruciale nella mia storia personale al pari della strada in cui ero cresciuto, e della stanza del motel in cui persi la mia verginità, mi sdraiai sulla schiena a fissare il cielo pieno di stelle. Cercavo le costellazioni alla ricerca di qualche presagio di quello che sarebbe accaduto.

I miei peccati ancora non specificati sarebbero stati perdonati o il mio matrimonio era fallito senza nessuna speranza di porvi rimedio? Ero in procinto di perdere il lusso delle mie delusioni e di scontrarmi con i limiti del mio talento e della mia grinta? O stava per avere inizio una nuova e interamente migliore fase della mia vita?

Come al solito le stelle non fornivano nessuna indicazione.

Quando cominciai a sentirmi assonnato, mi ripulii dalla polvere e mi diressi nuovamente all'auto per trovare una sistemazione a buon mercato. Il primo albergo in cui arrivai era un Motel 6, ma mi sembrava un po' come fare un doppio bogey, così scelsi il Ben Franklin Motor Court, dove per ventun dollari a notte mi diedero un letto, un asciugamano e un pezzo di sapone.

Improvvisamente la mia vita mi sembrava molto semplice. Stavo facendo quello che mi diceva il cuore, e non poteva essere tutto sbagliato.

CAPITOLO 12

SEI ore dopo ero di nuovo sul percorso.

Volevo avere tutto il tempo per registrarmi e presentarmi, studiare il campo di allenamento e il green, e poi giocare un turno di pratica calmo e rilassato.

Ma alle 7.45 del mattino l'enorme parcheggio era già pieno e pulsante di un'elettrica anticipazione e di nervi agitati.

La scena che si stendeva disordinatamente davanti a me assomigliava a una via di mezzo tra un incontro di collezionisti e le festicciole nel parcheggio dello stadio prima di una partita dei Chicago Bears – un ritratto dell'America. C'erano Cadillac e Lincoln luccicanti e vecchi autocarri ammaccati, ultimi modelli di Mercedes Benz e Porsche, van personalizzati e motor home. C'era persino una vecchia Harley con la sacca dei bastoni che sporgeva dal sidecar. Il parcheggio mi fece pensare a quelle fangose, rissose cittadine del Far West che sorgevano dalla sera alla mattina attorno al bordello-saloon nel periodo della corsa all'oro. Mentre trovavo un posto mi sentii più eccitato e vivo di quanto lo fossi stato in anni.

Non c'è nulla di elitario o esclusivo nella Q-School.

53

Chiunque con un certificato di nascita e tremila dollari può prendervi parte. Secondo il modulo d'iscrizione, c'è bisogno anche della lettera di qualcuno della «comunità dei golfisti» attestante che sai come si gioca, ma quale assistente rifiuterebbe di scrivere due righe per qualcuno che ha speso migliaia di dollari in lezioni da lui o dal capo in persona?

Di conseguenza, la gamma di abilità e di qualificazioni alla Q-School è ampia quanto quella di qualunque domenica sul vostro campo da golf. Quella mattina c'erano golfisti che partecipavano saltuariamente al PGA Tour da vent'anni, ex stelle di college e professionisti diventati maestri e campioni dilettanti e altri ancora che non avevano mai fatto onestamente un giro del campo in 90 colpi in vita loro.

Per quanto mi riguarda, ufficialmente non sono nemmeno un giocatore nella norma. Il mio handicap più basso, registrato quando avevo diciannove anni e poi ancora a quarantotto, è stato un 1.

Anche se può sembrare impressionante alla maggior parte dei golfisti, diventa insignificante in tour, dove, se calcolato su un percorso medio, l'handicap effettivo di un professionista forte è un −3 o un −4.

Statisticamente, certo, quasi tutti affrontavamo una missione suicida – o ci aspettavamo un miracolo. Non avevamo maggiori probabilità di successo di un vecchio quarantanovenne che cerca l'oro in un torrente del Montana. I golfisti che affollavano lo spiazzo del parcheggio quel mattino non erano neppure lì per la fase finale della Q-School. Quella era solamente la fase di qualificazione regionale.

Il giorno dopo duecentoquaranta persone avrebbero

54

giocato *su diciotto buche* e i primi ventiquattro classificati si sarebbero aggiunti agli altri centosessanta giocatori reduci dalle regionali tenutesi precedentemente in California e in Texas.

Poi questi centottantaquattro golfisti avrebbero disputato quattro giri del campo per otto posti della durata di un anno nel Senior Tour.

Era ancora peggio del tour regolare della Q-School, dove i posti a disposizione sono quaranta e chi non ce la fa può prendere in considerazione i tornei Nike, Asian o quelli satelliti, e in caso d'insuccesso può almeno aspirare alla successiva Senior Tour Q-School.

Ma per la maggior parte di noi, quello era il momento cruciale. L'ultima possibilità di sognare. La corte d'appello definitiva.

Durante i cinque giorni che seguirono, fui testimone dell'effetto devastante che una tale pressione può avere su meccanismi tanto delicati come lo swing e la psiche umana.

Nei quattro giorni seguenti, vidi e sentii cose su un campo da golf che non avevo né visto né sentito in quattro decenni. Sembrava che in ogni momento metà dei giocatori sul campo borbottassero tra sé camminando avanti e indietro come padri in attesa in un reparto maternità, e quelli erano quelli che si erano organizzati. Fanatici salutisti, che non avevano mai tirato una boccata da una sigaretta in vita loro, ne fumavano due pacchetti al giorno.

Giocare nella Q-School è come passare sotto le forche caudine.

Il solo ripensarci mi fa venire la pelle d'oca.

Forse era perché non immaginavo di trovare la pressione corroborante anziché debilitante. Già, ero nervoso e riuscivo a malapena a chiudere occhio e tenere nello stomaco cibi solidi, ma nemmeno per un istante ripensai alla mia decisione di tentare di qualificarmi.

Stavo facendo quello che volevo fare. Finalmente. Dopo tutti quegli anni.

Il mio modo di giocare sembrava essere sopravvissuto intatto al viaggio, compresa la mia ritrovata e importantissima capacità di vedere la linea dei miei putt. Continuavo a giocare il golf migliore della mia vita.

Nella qualificazione realizzai un giro in 67 colpi in modo da cavarmela senza difficoltà nella fase finale, e quando aprii con un altro bel 69, un reporter locale scrisse un pezzo su un «agente pubblicitario scaricato che potrebbe avere serbato le sue trovate migliori per il Senior Tour».

CAPITOLO 13

SAPETE che mangiare con certa gente è un'esperienza terribile? Il cibo arriva e loro lo attaccano con tale manifesta ansia e desiderio che al solo vederli ti senti a disagio. Con il golf è la stessa cosa. Con alcuni è piacevole giocare. Altri emanano una paranoia talmente sgradevole che il solo stargli vicino può costarti tre accidenti.

Questo è il motivo per cui nelle fasi iniziali di un torneo, in particolare di uno come la Q-School, nulla incide più sulle possibilità che hai della persona a cui sei appaiato.

Ecco perché sono stato fortunato a fare coppia nel secondo giro con un tizio che si è presentato come Earl Fielder.

Con i suoi centosettanta centimetri di altezza e i centodieci chili di peso, fisicamente Fielder era un colosso proprio come mio nonno da giovane. Secondo una storia letta su un giornale locale, Earl Fielder era un capitano dell'esercito a riposo. Dopo essere sopravvissuto a quattro paurose missioni in Vietnam, aveva trascorso gli ultimi dieci anni vivendo nei boschi fuori Monroe, nel North Carolina, cacciando, pescando e sorvegliando il suo portafoglio azionario. O, come ha descritto lui quel periodo, «nutrendosi del grasso della terra».

E ad affilare il gioco. Pur non avendo mai preso in mano un bastone prima di una vacanza in Tailandia a venticinque anni – «Da bambino, il campo da golf pubblico più vicino accessibile ai neri era a tre ore di distanza» –, aveva vinto il torneo per dilettanti della Carolina per tre volte negli ultimi cinque anni.

Dopo cinque, sei buche mi resi conto del perché. Earl Fielder sapeva stare alle regole del gioco. Il suo swing poteva essere un po' veloce e corto, ma non avevo mai visto nessuno affrontare la pallina con tanta forza e determinazione. Dava l'impressione di affondare le radici nel terreno, ed era ridicolmente subito fuori dalla piazzola di partenza, strappando il fairway con un colpo dopo l'altro col ritmo di una macchina.

Ma non era solo il suo modo di giocare a essere solido. Nei quattro giorni di follia della Q-School, dove anche i concorrenti più equilibrati finiscono sull'orlo di una crisi psicotica, Fielder era un'oasi di serenità. Dopo un putt alla seconda buca, per esempio, l'altro socio del nostro terzetto, tale Hector Fernandez, un maestro professionista venezuelano, aveva cominciato a farsi il segno della croce prima di ogni colpo.

Fielder in effetti sembrava avere una specie di suo punto di vista sull'intera faccenda. Prima ancora di avere scambiato una decina di parole, lo trovai simpatico e mi sentii a mio agio con lui come con i miei amici più intimi.

Quel giorno, sulle prime nove buche, Earl e io andammo di pari passo. Entrambi finimmo mezzo percorso uno sotto il par.

Ma quando arrivammo alla decima, una lunga, pericolosa par 3 con acqua a sinistra, a destra e dietro la buca, c'erano già due terzetti che affollavano il tee di partenza, il che significava un'attesa di almeno quindici minuti.

Date le circostanze, del tempo in più per pensare è l'ultima cosa che desideri; mentre Fernandez si piazzò di lato flagellandosi in spagnolo e gli altri giocatori provavano in extremis i loro colpi, Earl si limitò a sedersi – come su una panchina al parco – e si accese un lungo sigaro scuro.

«Qui è come essere in manicomio», dissi mentre lo raggiungevo.

«Già», confermò Fielder soffiando fuori una boccata di fumo aromatico, «dopo che hanno ridotto i medicinali. Mi scoccia sempre quando gente che non sa di cosa parla paragona qualcosa al Vietnam, ma per quanto strano sia, questo mi ricorda *veramente* un pochino il Nam.»

«Non mi dire», feci io.

«C'è la stessa paurosa, chiara sensazione che stia per succedere qualcosa, con tutti che camminano come sulle uova e tengono stretti i loro portafortuna, confidando in Dio di non incasinare tutto e di arrivare bene o male alla fine.»

«Sembra l'agenzia di pubblicità dove lavoravo», commentai io. «Tutti che vanno in giro facendo finta di essere invisibili, sperando di sopravvivere un altro giorno. Dopo ventitré anni alla fine mi hanno beccato, due settimane fa.»

«Oh, ti hanno teso un'imboscata», disse Earl.

«Esatto», confermai io, «mi hanno steso proprio a

fianco del distributore dell'acqua. Allora, a che punto sei?»

«Uno sotto», rispose lui.

«Idem», annunciai io.

«Allora siamo ancora entrambi in gara.»

Alla fine il green si liberò. Earl spense cautamente il sigaro e dopo averlo avvolto con attenzione in un pezzo di stagnola, lo infilò di nuovo nella sacca in nylon che, come me, trasportava lui stesso.

«Earl», dissi, «domenica, quando tutto questo sarà finito, ti offro una birra.»

«Non vedo l'ora, Travis.»

CAPITOLO 14

ERO certamente ancora sulla strada per Lourdes. Ancora nessun miracolo, ma non disperate. Credetemi, laggiù stava accadendo qualcosa di strano e di meraviglioso.

Con l'esempio di Earl Fielder che mi aiutava a calmare i nervi, totalizzai il mio secondo giro consecutivo in 69 colpi. Così ero sei sotto e al nono posto nella classifica generale.

Ero così vicino alla qualificazione che potevo sentirne il sapore e, immaginando che senza correre rischi non ci sarei arrivato – il torneo procedeva troppo liscio –, il sabato tirai fuori l'artiglieria.

Nelle prime nove buche, ottenni la migliore distanza da quando mi ero assentato dalla cena di Natale, finendo cinque sotto nelle prime otto. Il mio swing era solido e vedevo la linea come se stessi traguardando una stecca da biliardo.

Quando presi posizione alla 9, avevo già incassato circa trenta metri di putt, compresi i dodici metri di un eagle e tre birdie da sei metri complessivi.

La nona buca alle Dunes è un difficile par 4 con un

colpo cieco in partenza, oltre un rialzo, e un secondo tiro lungo fino al green.

Dopo un rispettabile drive, vidi che il mio nome era salito ai posti alti del tabellone per la prima volta in tutta la settimana, per non dire, naturalmente, per la prima volta in tutta la mia vita.

Eccomi lì, al terzo posto, proprio dietro Ed Sneed e Frank Conner. Un grosso, rosso McKinley. Seguito dall'indicazione –11.

Mentre mi avvicinavo alla mia pallina, non potei fare a meno di assaporare, anche solo per un illecito istante, la pressoché infinita soddisfazione che avrei provato nell'informare amici, nemici e scettici a oltranza, se fossi riuscito, non so come, a portare a termine la gara.

Con la palla posizionata sul terreno in pendenza e duecento metri al bordo del green, tirai con un ferro 4 un colpo fiacco, che fortunatamente finì prima del bunker a lato del green. Con la bandierina piazzata proprio al di là dell'avvallamento, non avevo molto green su cui lavorare, ma se fossi riuscito a tagliare bene la palla e poi a puttare, avrei marcato 31 per le prime nove e non avrei dovuto fare i salti mortali dopo.

Estrassi il mio ferro da alzo a 60 gradi e mi esibii in un morbido, fiacco tiro che arrivò esattamente sul bordo frontale.

Non fare troppo il lezioso, mi dissi mentre eseguivo un paio di swing di pratica, ma appena colpii la pallina mi resi conto che era proprio ciò che avevo fatto.

Non colpii la pallina col tacco del ferro né sbagliai il colpo. La tirai troppo corta di due metri, semplicemente, e la pallina ricadde morbidamente come una frittatina sul bordo più distante del bunker, così dolcemente che non rotolò sul fondo, ma rimase esattamente nel punto in cui era atterrata – sotto la stramaledetta sponda.

Non riuscivo a credere alla mia stupidità o, per la precisione, non riuscivo ad affrontarla. Passai in un nanosecondo da un profondo, breve discorso di ringraziamento per i tremila a un gelido panico. Sotto la stramaledetta sponda. Sotto la stramaledetta sponda! *Sotto la stramaledetta sponda!*

A quel punto, due voci distinte premevano disperatamente per influenzare il mio esausto cervello. «Fai un chip all'indietro, prenditi i tuoi cinque o i tuoi sei colpi e togliti di qui tutto d'un pezzo. Sei ancora giovane. Hai tutta la vita davanti.»

L'altra voce era simile al lamento di una bestia ferita, il mio Otello interiore. Si sentiva talmente tradita e ferita dall'ultimo tiro, così incredibilmente furiosa da sembrare propensa all'autoannientamento. Mi spronava a sguazzarci dentro fino alle ginocchia e a lanciare la palla sul green, come aveva fatto in qualche modo John Daly alla 17 nel British Open.

Diedi retta alla voce che urlava più forte, il mancato e ferito John Daly.

Marciai nell'avvallamento e piantai aggressivamente i piedi nella sabbia, alla distanza di un metro dalla palla.

Dopo avere trovato l'equilibrio ed essermi fatto un quadro preciso del colpo che avevo in mente, sollevai vertiginosamente il wedge, ma proprio mentre lo calavo sulla pallina, la voce più calma, rifiutata con disprezzo, quella della ragione, con un tempismo perfetto pronunciò un'unica, ampiamente descrittiva parola: «*Idiota!*»

Come risultato, non feci saltare la palla sul green né la spostai indietro.

Di fatto, non la colpii proprio, e nemmeno ci andai vicino perché la lama anteriore del wedge affondò nella sabbia almeno dieci centimetri dietro la palla. Abbastanza vicino da seppellirla sotto uno strato fresco di sabbia.

Mi sentivo come se fossi appena sceso dall'auto sul vialetto d'accesso di casa e avessi scoperto di essere passato sopra al mio cane.

Una vampata rosso fuoco mi salì dai piedi alla testa e mi guardai intorno come un bambino terrorizzato alla ricerca di una scappatoia dell'ultimo minuto che mi permettesse di riprendere in mano il gioco.

Adesso ero a *quattro*.

Stordito, mandai la pallina con un fiacco chip sul fondo del bunker – *cinque*.

E poi sulla parte posteriore del green – *sei*.

Con un primo putt la tirai a tre metri – *sette*, con il secondo la fermai mezzo metro prima – *otto* e andai in buca in *nove*.

Nove! Se un otto è un pupazzo di neve, avevo appena tirato un abominevole uomo delle nevi, ma quello che in realtà avevo veramente fatto era stato spararmi su un piede, buttarmi fuori dal torneo per tornare a un lavoro più merdoso in qualche agenzia di pubblicità ancora più merdosa. In un impeto ritardato, avevo rovinato tutto, sperperato il mio capitale, avevo preso tutti i miei birdie e i miei eagle e li avevo buttati al vento.

Tutto quello per cui avevo sgobbato per l'intera settimana l'avevo disfatto in cinque minuti.

Accanto al green c'era una palma da cocco e per alcuni paurosi secondi pensai seriamente di sbattere la testa contro il suo ruvido tronco incurvato finché non dichiaravano la mia morte cerebrale.

Invece feci una cosa che, in vita mia, non aveva assolutamente precedenti.

Mi perdonai.

Travis, mi dissi, sei un tipo decente che ama sua moglie e i suoi figli e il suo cane, e come chiunque altro sul pianeta ha l'inalienabile diritto, concesso da Dio, di rovinare tutto.

Era come se le stesse due voci schizofreniche che mi avevano fatto a pezzi ora mi stessero ricomponendo. O se una terza e più gentile voce fosse entrata nella conversazione.

Era come se mi fossi inginocchiato in un confessionale e avessi detto: «Padre, ho peccato. Ho realizzato un nove quando il peggio che potevo fare era un cinque, il che mi ha portato non solo a nominare il nome di Dio invano ma anche a pensare di togliermi la vita». E il paziente, vecchio prete, con l'infinita compassione dell'essere onnisciente che rappresenta, mi aveva guardato con i suoi dolci occhi umidi e mi aveva detto: «È un mondo complicato e anche il gioco lo è. Dimentica tutto».

E così feci.

Camminai fino al tee della 10 come un uomo felice di essere sei sotto in classifica e felice di essere vivo. Poi, nelle ultime nove buche, realizzai il terzo 69 consecutivo. Ero precipitato al sedicesimo posto, ma ero ancora vivo.

I sogni sono duri a morire. E a volte non devono morire per nulla.

CAPITOLO 15

ALLE 6.05 del mattino dopo fui svegliato da un fragoroso squillo. Pensai che la banda della Winnetka High School stesse provando sotto la mia camera. In realtà, a suonare erano le mie quattro sveglie.

Ossessionato dalla storia di un giocatore di golf squalificato per avere dormito mentre avrebbe dovuto essere sul campo per l'ultimo giorno della Q-School – probabilmente la catastrofe più straziante nella storia degli sport –, dopo cena mi ero recato in un drugstore e avevo acquistato una seconda sveglia.

Poi, giunto a mezza strada dal Ben Franklin, mi ero detto: «Perché rischiare?» e ne avevo comprate altre due.

Fu ininfluente. Quando arrivai al campo, tutti andavano un'ora indietro.

Alla Q-School il gioco è sempre penosamente lento, ma alla domenica l'azione virtualmente arriva a fermarsi. I giocatori agonizzano sulla scelta di ogni mazza e su ogni sbuffo di vento, ogni pendenza e ogni taglio del prato.

In questa atmosfera bollita, vedere qualcuno marcare un bogey è come assistere a una rapina a mano armata.

Un doppio bogey è come un omicidio.

La domenica non è solo dolorosamente lenta, ma anche spaventosamente tranquilla. Non ci sono spettatori, niente applausi, nessun chiacchierio tra i giocatori.

Persino gli uccelli smettono di cinguettare.

Nonostante la pressione, posso onestamente dire di essermi goduto i miei primi tre giorni. Ma domenica fu una marcia funebre.

Immaginavo che ci volesse un 68 per finire tra i primi otto, e sin dal primo drive mi sentii in vena. Il mio swing era buono e vedevo la traiettoria chiaramente come sempre. Ma i dannati putt semplicemente non volevano funzionare.

Nelle prime nove buche, osservai un colpo da oltre tre metri, centrato fin dall'inizio, deviare per colpa del segno di un chiodo, un altro da due metri e mezzo sbordare dalla buca e fare un giro a 360 gradi e un altro ancora aderire in maniera impossibile al bordo come avevano fatto Cary Grant e Eva Marie Saint sul Mount Rushmore in *Intrigo internazionale*. Certamente, il numero era 68, ma per il momento io non c'ero nemmeno vicino.

Le seconde nove cominciarono nello stesso modo. Un par frustrante dopo l'altro. Mentre raggiungevo la 15, ero ancora uno sotto il par e stavo esaurendo rapidamente le buche.

Avevo bisogno proprio di un miracolo. Avevo bisogno di andare tre sotto nelle ultime quattro buche. Mi serviva un 68.

Uno lo centrai subito sul corto par 3 della quindicesima, quando colpii la palla con un ferro 8 facile e finalmente imbucai un putt. Ora avevo assolutamente bisogno di un birdie alla 16, perché la 17, un par 3 da oltre duecento metri protetta da alberi su entrambi i lati, era una buca quasi impossibile da fare con un birdie, era un par 4 camuffato da par 3.

La 16, d'altra parte, era un corto, secco percorso a zigzag. Richiedeva un ferro 4, poi un wedge su un green sopraelevato. Feci un buon colpo dal tee di partenza, ma presi terra con il wedge e rimasi a dieci metri con una notevole pendenza da sinistra a destra. Per un destro come me, questi sono i putt più difficili da leggere, ma quella volta la linea era chiarissima. Speravo solo di riuscire a costringermi a colpire sufficientemente forte.

In un silenzio talmente assoluto da ricordare il vuoto di un disastro nucleare, diedi alla palla un colpo secco e la guardai schizzare in aria sulla traiettoria.

Per i primi quattro, cinque metri la mantenne. Poi con crescente orrore compresi di averla colpita decisamente troppo forte.

Pregai che almeno prendesse il bordo della buca per rallentare.

Non successe.

Ora mi aspettavo un rientro da sei metri.

Rimasi ritto sulla palla. Vedevo la linea come la piega sui pantaloni di un allievo dell'accademia militare. La misi in buca per il par.

Passai alla 17.

Come dicevo, la diciassette è la buca più difficile del percorso: richiede un legno 3 perfettamente smorzato solo per tenere la palla sul green. Per la seconda volta di seguito tirai un pull. Per il mio birdie, ora, dovevo tentare un chip dalla base di un albero.

Da lì, il meglio che potevo fare era un metro e mezzo. Di nuovo, fui fortunato a strisciare via con un par.

Come, pensavate di essere arrivati al miracolo della diciassettesima a metà libro? Siamo seri.

CAPITOLO 16

ORA ero realmente a corto di buche.

Ne avevo ancora una. E poiché la 18 era un par 5 da oltre cinquecento metri, potevo ancora arrivare a quattro sotto. *Mi serviva solo un eagle.*

La 18 alle Dunes è una stupenda buca finale, lunga e diritta, con la partenza leggermente in discesa e l'avvicinamento in lieve salita al green con alle spalle la clubhouse bianca in stile coloniale.

Tirai il mio drive meglio che potevo, basso e forte e leggermente strappato, e la palla finì in cima alla collina a quasi trecento metri dal tee. Ma mi restava ancora un altro tiro da duecentocinquanta, questa volta in salita.

Ci rimuginai, ma c'era ben poco da pensare. Un driver con un angolo di otto gradi è un legno difficile sul fairway, anche con un lie piatto, ma era la mia unica possibilità di arrivarci.

Lanciai un'ultima, lunga occhiata al green, rammentando quanto mi fosse sembrato incantevole e affascinante la mia prima sera a Tallahassee, e come vi avessi camminato sopra alla luce della luna.

Sei quasi a casa, mi dissi. Dammi solo uno swing più solido... a partire dalle gambe!

Quando cerchi di tirare un legno da fairway con più forza di quanta dovresti, hai la tendenza a tagliare la palla colpendola in testa e a spedire un patetico, piccolo colpo sulla destra a un centinaio di metri circa. Mentre mi posizionavo sulla palla, mi dissi di non esagerare e, semmai, di prendermela calma. Perciò, per non forzare ridicolmente con lo swing, ricorsi a un trucco che avevo occasionalmente usato in situazioni un po' meno stressanti. Anche se la bandiera pendeva floscia nel pomeriggio senza vento, immaginai che un uragano mi soffiasse alle spalle.

Tutti i miei giochetti mentali funzionarono. Probabilmente perché non sono così furbo. Mantenni l'equilibrio e alzai la palla diritta nel centro del fairway. Dopo due lenti, secchi rimbalzi, la palla rotolò sul green. Era solo la seconda volta in tutta la settimana che qualcuno arrivava alla 18 in due tiri.

Avevo appena tirato, uno dopo l'altro, due dei migliori legni della mia vita, lanciando la palla diritta come un fuso, ma non c'era nulla di trionfale nella mia camminata fino alla buca.

Sul green non c'era un solo spettatore a seguire il nostro gruppo o ad aspettare, e dopo sei ore di lotta per la vita mi era scoppiato uno dei peggiori mal di testa che avessi mai avuto. Mi sembrava di portare un cappello di quattro misure troppo piccolo.

Sette metri mi separavano dal Senior Tour. Sette metri tra il mio schifoso passato e un glorioso futuro. Sette maledetti metri. Sebbene avessi giurato che non mi sarei lasciato umiliare, il risultato parlava abbastanza chiaro. *Così vicino eppure così lontano.*

Poi, ancora una volta, considerai il mio putt. Sembrava più vicino che lontano. Considerando dove mi trovavo un mese fa, sette metri mi parevano piuttosto abbordabili. Diavolo, sembravano un colpo dato.

Fissavo un tratto di terreno pianeggiante in mezzo al prato, il genere di putt che devi eseguire con decisione per mantenere la traiettoria, ma ancora una volta la linea era chiara. Falla solo filare via liscia, mi dissi, falla solo filare via liscia.

Cosa che feci...

Cosa che feci...

Cosa che non feci.

Non potevo crederci. Avevo superato il putt più importante della mia vita e la pallina era finita cinque centimetri corta. Non dirò mai più «Bel putt, Alice» a nessuno, neanche se vivessi mille anni. Grazie a Dio, Joe, Chuck e Ron non erano lì.

Feci un putt cortissimo per quella che mi pareva la diciottesima volta quel giorno. Un maledetto birdie! Poi camminai lentamente fino alla tenda del comitato di gara. Calcolai e ricalcolai il mio score, sperando di forzare in qualche modo l'aritmetica a dare 68 come somma. Ma continuava a venire 69.

Alla fine firmai lo score e raggiunsi barcollando un muretto dietro il green per vedere finire i primi in classifica. Così vicino eppure così lontano...

Sebbene avessi giocato piuttosto bene, non provavo né soddisfazione né sollievo.

Desideravo chiamare Sarah o Elizabeth o Simon e Noah, ma non ne avevo la forza. Mi sentivo così svuotato che quasi mi addormentai appoggiato al muretto.

Effettivamente sentii l'ultimo terzetto dare il colpo d'inizio a un quarto di miglio di distanza.

Dieci minuti più tardi nessuno di loro era comparso nella valletta sotto il green. Strano.

Nel giro di altri cinque minuti o poco più, un eccitato mormorio cominciò a diffondersi attorno alla clubhouse.

Andai nella tenda dei segnapunti e sentii un incaricato chiedere nella sua ricetrasmittente: «Cosa diavolo sta succedendo lì, Orville? Sono passati venti minuti».

Qualche secondo più tardi, il piccolo altoparlante emise un crepitio, seguito dalla notizia più bella che avessi mai sentito: «*Abbiamo tre golfisti F.L.*».

Per chi non è malato di questo gioco, essere F.L. significa essere fuori limite. Come dire, nei pasticci.

Sulla buca finale del giorno più lungo, c'era stato l'equivalente golfistico di una collisione tra tre auto sull'ultimo rettilineo. Tutti e tre i giocatori avevano eseguito tre hook mandando la palla sulla Route 48 e dunque fuori limite. Quando tutti i corpi furono portati via e riempiti i documenti del caso, 12 sotto il par era diventato un punteggio sufficientemente buono per l'ottavo posto.

Ero un partecipante a tutti gli effetti del PGA Senior Tour.

CAPITOLO 17

MI FECI la doccia e mi cambiai; poi uscii a fare quattro passi e a fantasticare. Erano quasi le sei e il sole stava calando rapidamente dietro l'enorme tabellone in legno che era stato eretto accanto al green della 18.

Era quel momento della sera in Florida in cui la terra sembra trattenere il respiro e sospirare, e io mi sentivo calmo e tranquillo come l'aria fresca e immobile.

Quello che in realtà mi sentivo era di essere *diverso*. In quel momento era un uomo differente da quello che si era alzato al mattino e aveva guidato fino al campo di golf, nettamente diverso da quello che era all'undicesimo posto meno di un'ora prima.

Mi sentivo più a mio agio nel mio corpo. Era un posto dove volevo stare, che cercavo da molto tempo, probabilmente da tutta la vita.

Sebbene fossi riuscito a non soffermarmi su questo pensiero, e avessi fatto il possibile per evitare che la consapevolezza travolgesse la maggior parte dei miei giorni, improvvisamente mi resi conto di quanto a lungo fossi stato depresso e vergognoso di me stesso. Quelli che pensavo fossero solamente i soliti rammarichi e i soliti dubbi in realtà erano montagne di disgusto per me stesso e ora, proprio in quel momento, quel signore dalla mano scivolosa aveva perso la presa sul suo grip e spedito la palla nella boscaglia della Florida.

Non pensavo di essere migliore di chiunque altro, no, ma altrettanto bravo sì. Sentivo di poter stare accanto a un altro e guardarlo negli occhi. Sapete cosa intendo? Sentivo di poter *respirare*.

Camminai fino alla base del tabellone dei punteggi, che incombeva sul prato della club-house come la versione in bianco del monolito di *2001: Odissea nello spazio*. Lessi i nomi e gli score tracciati con una deliziosa calligrafia vecchio stile finché non trovai il mio, all'ottavo posto.

Travis McKinley.

Buon Dio, ce l'avevo fatta davvero.

Golfisti e parenti prossimi si aggiravano ancora sull'ultimo green, esitando come vittime stordite di un disastro ferroviario. Non c'erano dubbi, su quel tabellone finale comparivano molte più vittime che sopravvissuti. Forse un giorno sarebbero stati in grado di ricordare con orgoglio di avere partecipato, di non essersi spinti fino a Tallahassee solo per inseguire un sogno, ma di avere anche giocato bene.

Ne dubitavo. Alcuni sostengono che l'importante è tentare, ma sfortunatamente questo non è che il primo passo. A volte hai un colpo di fortuna e vinci, anche. In tal caso, ti dai alla pazza gioia. Inoltre, e ora lo sapevo anch'io come tutti gli altri, la gente aspira soprattutto a consolarsi.

CAPITOLO 18

«ALLORA, Travis, come ti guadagni da vivere?» Per ventitré anni questa è stata la domanda che temevo di più. «Che lavoro fai?»

Lavoro per un'agenzia pubblicitaria. Sono un copywriter. Invento slogan pubblicitari.

Dio sa che esistono un sacco di lavori peggiori che occuparsi di pubblicità. E se è questo che volete fare, accomodatevi pure. Ma nel mio caso, quella inevitabile risposta mi ha lacerato l'anima per due decenni e mezzo.

Adesso non vedevo l'ora che qualcuno mi domandasse chi ero e cosa facevo.

«Allora, Travis, tu cosa fai?»

«Sono un giocatore di golf professionista.»

«Sul serio?!»

«Certo.»

«Dai lezioni?»

«No, io imparo. Sono un giocatore. Sono un professionista impegnato nel Senior Tour.»

Nel parcheggio c'era un telefono pubblico e, con la mezzaluna che appariva in cielo e il cuore che mi batteva forte in petto, lo usai per fare la mia telefonata.

«Sarah», dissi appena ebbi la comunicazione, «che cosa sono?»

«Eh?» chiese lei. «Chiami dalla Florida?»

«Che cosa sono, Sarah?» domandai nuovamente, quasi urlando. «Che cosa sono?»

Le persone che giravano lì attorno erano troppo prese dalle loro miserie per trovare anche minimamente strana quella sfilza di domande urlate e forse, a modo suo, lo era anche Sarah. Mi resi conto con terribile tristezza che Sarah non aveva idea di cosa stessi parlando e che non sapeva nemmeno con precisione perché le telefonavo.

«Sei matto», concluse con la familiare nota di ironia nella voce. «Suppongo che tu sia un padre decente.»

«Non ce la faccio più a tenerti sulla corda, così te lo dico io, cosa sono», dissi alzando lo sguardo sulla luna. «Sono un giocatore di golf professionista.»

«Ce l'hai fatta?» chiese lei sbalordita.

«Ce l'ho fatta. Mi sono piazzato ottavo. Ho un posto in ogni torneo dei senior per un anno.»

«Congratulazioni», si complimentò lei. «Ascolta, mi dispiace veramente dirtelo adesso. Non voglio assolutamente rovinarti questo momento, ma è probabile che la prossima settimana consulti un avvocato per chiedere il divorzio.»

Per alcuni istanti, fui talmente sconvolto da non riuscire a spiccicare parola. Conoscete anche voi quella fesseria dickensiana dei periodi sì e di quelli no? Credo che non sia una fesseria.

«Ma, Sarah, ne abbiamo appena accennato. Non dovremmo almeno tentare di vedere qualcuno?»

«Intendi un consulente matrimoniale, Travis?»

«Già. »

«Vai sempre a finire con qualche Pollyanna al suo secondo matrimonio felice. »

Sospirai. «È solo che è una notte così strana, Sarah, e che non so nemmeno che senso abbiano questi piccoli trionfi se non posso condividerli con te. »

«Questo non è così piccolo, Travis», puntualizzò Sarah. «Conserva la tua affascinante modestia per qualcun altro. »

«Hai ragione, è un risultato sorprendente. Ma non decidere adesso, per piacere. Nei prossimi due mesi starò via comunque. »

«Non per cambiare argomento, Travis, ma c'è qualcuno qui che sa esattamente quello che sente per te e che attendeva con ansia la tua telefonata. Aspetta che te lo passo. »

Sbirciai sopra la spalla. Dietro di me si era formata una coda.

«Papà, ce l'hai fatta? » domandò Simon.

«Sono arrivato ottavo. Ho conquistato l'ultimo posto. Sono un giocatore professionista», dissi.

«Gliel'hai fatta vedere, papà», disse Simon accompagnando le parole con una risata. «Gliel'hai fatta vedere a tutti. »

«Proprio così, amico. Dillo a Noah da parte mia, e chiama Elizabeth. »

«Non vedo l'ora di raccontarlo al nonno», aggiunse Simon. «È sbalorditivo. »

«Devo chiudere, Simon», dissi. «Ci sono molte persone che aspettano di usare il telefono. Ti voglio bene. »

Avevo dovuto interrompere la telefonata così rapidamente non solo per il mormorio che si levava dalla coda alle mie spalle ma anche perché mentre pensavo a Simon, a Noah, a Elizabeth, a Sarah e al nonno, qualcosa dentro di me si era spezzato ed ero scoppiato a piangere. Non parlo di qualche tirata su col naso e di poche lacrime di gioia. Intendo proprio il torace che si solleva, il moccio che cola dalle narici, una sequela di strilli che spiccava anche in quell'area disastrata.

Piansi per tutto quello che mi era andato diritto e storto per trent'anni. Piansi per Sarah. Ma soprattutto, penso di avere pianto di meravigliata gratitudine. Nonostante la mia formidabile tendenza a rovinare tutto, non avevo mai gettato la spugna.

«Non preoccuparti, amico», disse una voce dall'oscurità, «ce la farai il prossimo anno.»

Mi sedetti sul bordo del marciapiede, al buio, in fondo al parcheggio, in attesa che quel pianto si esaurisse. Ci volle un po' e non mi curai di quelli che mi vedevano né di quello che potevano pensare.

Poi tornai lentamente al bar della club-house in cerca di Earl Fielder.

Gli dovevo una birra.

CAPITOLO 19

«Conosci la battuta "This bud is for you"? domandai a Earl, avvicinandomi al suo tavolo sul retro del bar e porgendogliene una.

«Penso di averla sentita forse tre volte», rispose Earl, sollevando lo sguardo dal suo *Barron's*. Earl aveva ottenuto un rispettabile trentaquattresimo posto nella classifica finale. Un risultato non sufficientemente buono per partecipare al tour, ma lui sembrava imperturbabile come al solito.

«Bene, non l'ho scritta io», specificai.

«No, immagino che ti avrebbero licenziato se l'avessi fatto.»

«A ogni modo, ciao», continuai io. «Mi dispiace molto che non ce l'hai fatta. Mi hai veramente aiutato nel secondo giro. Più di quanto tu creda.»

«E io sono felice che tu ti sia classificato, Travis. Davvero», disse lui.

La «buca 19» al Tallahassee Dunes, un grande barristorante con un televisore posto a ogni estremità del

* Gioco di parole intraducibile tra *bud* («bocciolo») e Bud, diminutivo con cui si indica la birra Budweiser.

80

locale, era affollata e danzante ogni sera della settimana, ma quella volta invece era vuota e silenziosa. Quelli che si erano piazzati avevano avuto la decenza di festeggiare altrove, e quelli esclusi avevano cercato di mettere quante miglia potevano tra loro e quel posto il più rapidamente possibile.

Ma Earl, seduto lì con il suo lungo Avana marrone cioccolato e il *Barron's* aperto sull'analisi del mercato della settimana, difficilmente poteva sembrare uno che aveva appena perso l'occasione di qualificarsi per sei colpi.

«Qual è il segreto del tuo equilibrio?» domandai. «Pensavo di trovarti a brontolare con la tua birra.»

«Sono sopravvissuto a troppe stronzate per farmi piegare da questo», spiegò realisticamente Fielder. «E poi Microsoft è salita di undici punti questa settimana. Tu, piuttosto, cos'hai? Sembri una spugna.»

«Ho telefonato a casa», spiegai, «e subito dopo mi sono messo a singhiozzare. È stato come se mio padre fosse uscito dalla tomba per dirmi che mi voleva bene.»

«Perché non hai mai tentato di partecipare a un tour professionistico?» volle sapere Earl. «Hai il gioco giusto.»

«Alle superiori non pensavo ad altro», dissi io. «Poi sono andato all'università e mi sono innamorato, e quando mi sono laureato avevo una moglie alla scuola di medicina e una figlia di due anni. All'improvviso il golf mi sembrò una scelta da irresponsabili. Inoltre, non ho mai imparato a puttare fino a circa tre settimane fa. Per ironia del destino, anche il lavoro che ho scelto al posto del gioco non si è rivelato molto sicuro e ora mia moglie probabilmente intende chiedere il divorzio.»

«Calma», disse Earl assaporando un lungo tiro dal suo sigaro. «Sei stato appena licenziato. La tua signora sta per darti un calcio nel sedere e hai delle questioni irrisolte col tuo vecchio. Adesso mi dirai che il tuo cane ha le pulci.»

«Le zecche», precisai io.

«Travis, stai per farmi sentire dispiaciuto per te, e sei tu quello che farà questo maledetto tour», disse Earl con una risata. «Bene, forse sei proprio sottosopra, ma hai talento, e il talento è una qualità più rara di quanto pensi.»

«Lo scopriremo abbastanza presto.»

«Visto che sono così contento per le Microsoft, ti propongo un accordo amichevole», continuò Earl. «Ti farò da caddie nei prossimi sei mesi e tu dovrai pagarmi solo le spese e una percentuale sulle tue vincite. Così io avrò la possibilità di vedere come sono i grandi tornei e in cambio metterò un po' di buon senso nella tua zucca.»

«Dunque non saresti uno di quei caddie che comunicano la lunghezza e allungano i bastoni?» domandai.

«Nemmeno per sogno. Con me avresti il pacchetto completo», chiarì Earl. «Caddie, consulente finanziario e psicologo sportivo. O tutto o niente.»

Mi allungai sul tavolo e strinsi la mano al mio nuovo socio.

CAPITOLO 20

«ORA sul primo tee, da Winnetka, Illinois, Travis McKinley.»

Così annunciò lo starter all'FHP Health Care Classic di Ojai, California, e alle 7.18 di una frizzante mattinata di febbraio nella California meridionale, con Dio, Dale Douglas e Kermit Zarley come testimoni, io iniziai ufficialmente la mia carriera nel Senior Tour – tirando uno hook nel rough, dove l'erba era alta, e praticamente saltellando giù lungo il fairway dietro la palla.

«Cerca di mostrare un minimo di dignità, per l'amor di Dio», disse Earl. «Uno hook finito nei rovi non ti dovrebbe eccitare. Mi stai mettendo in imbarazzo.»

«Ti ha mai detto nessuno che sei carino quando brontoli?» domandai io.

«Me lo dicono sempre», rispose lui.

Cercai di agire con freddezza, in maniera confacente al mio nuovo status di partecipante a buon diritto al PGA Tour, ma non facevo che impersonare una parte. Se la Q-School è l'Inferno e il Purgatorio insieme, allora il Senior Tour è il Paradiso. Creato da Robert Trent Jones anziché da Dante. E non devi morire per andarci. Devi solo diventare vecchio.

Visto che Earl e io eravamo arrivati in città il mercoledì mattina, gli sponsor del torneo mi avevano consegnato le chiavi di una suite al Marriott e di una Lexus bianco perla. Mi fu assegnata la mia piazzola sul campo pratica, dotata di un mucchietto di lucenti Titleist più perfette di quelle con cui ero abituato a *giocare*, e tanto meno a far pratica, e nel caso in cui qualcuno degli spettatori paganti che gironzolavano fuori dal campo per farsi dare qualcosa dai professionisti non riuscisse a identificare esattamente il mio swing, sull'erba proprio alle mie spalle, era piazzato un grosso cartellone bianco con il mio nome scritto sopra a grandi lettere.

Oh, e nel mio primo giorno di pratica un rappresentante della Callaway mi omaggiò di una serie di Big Bertha, dal wedge a 60 gradi a un enorme driver Great Big Bertha con shaft in grafite, testa in titanio e uno sweet spot grande pressappoco come una padella per friggere.

E, ogni volta che giravo un angolo, m'imbattevo in un'altra abbronzata faccia proveniente dal Mount Rushmore del golf. Lo stesso Re, Arnold Palmer, lanciava palle quattro posti più in giù nel campo. Isao Aoki, che aveva parcheggiato le cicche nell'armadietto accanto al mio nello spogliatoio, si era rivelato un fumatore accanito incredibilmente cortese, una sorta di Dean Martin giapponese. E una mattina, mentre eseguivo un aggressivo putt sul campo pratica, sbattei proprio sul tallone di Lee Trevino.

«Mi dispiace», farfugliai più imbarazzato di un bambino, «mi chiamo Travis McKinley ed è un vero piacere conoscerla.»

«Travis McKinley», ripeté Trevino esibendo il suo

largo, esplosivo sorriso, «piacere mio. Ho letto di lei questa mattina su *USA Today*. Ascolti, non si preoccupi per quella fesseria del "miracolo della Q-School". Nessuno lo collega a lei, ma qua fuori siamo tutti miracoli, anche l'ultimo di noi. E ora torni a lavorare sul suo putt, ragazzo. Basandomi su quest'ultimo tiro, direi che ne ha bisogno.»

Rimasi lì a bocca aperta. Lee Trevino. Messicano, che ancora porta un cerottone sull'avambraccio destro per coprire un vecchio tatuaggio, che nel 1968 vinse sia il British Open che l'U.S. Open, il cui caddie Herman è più famoso della metà dei giocatori del tour, e *lui leggeva un articolo su di me?*

Al di là di questo, era un tipo tranquillo. E generoso. E amichevole. E nonostante fosse ultracinquantenne, emanava puro succo umano energetico più di qualunque altra persona a cui sia mai riuscito a stare accanto.

E dentro era di ghiaccio come la maggioranza dei giocatori. Quando fu inaugurato il Senior Tour, si parlò ampiamente del cameratismo unico dimostrato da tutti i concorrenti e di come questo costituisse una gradevole novità rispetto alla competizione regolare, al «Junior Tour», come i senior amano chiamarla.

Poi il Senior Tour decollò. I giocatori cominciarono a gareggiare per un milione di dollari ogni fine settimana. E tutto quel calore e quelle gentilezze volarono subito fuori della finestra della club-house. I senior possono gigioneggiare un po' più dei giocatori del Regular Tour e avere un rapporto più rilassato con il pubblico, ma non lasciatevi ingannare dal loro comportamento.

Queste persone non esiterebbero a strapparvi il cuore dal petto e a calpestarlo con le loro scarpe chiodate se pensassero di riuscire così facendo a tornare in gara l'anno successivo.

In realtà, il Senior Tour mi ricordava quel vecchio programma televisivo del mattino in cui una casalinga delirante veniva lasciata in un supermercato, munita solo della sua avidità e di un carrello della spesa, dopo averle detto che poteva tenersi tutto quello che riusciva a gettarci dentro in sessanta secondi.

Per remunerativo che sia il Senior Tour, l'orologio non smette mai di ticchettare. Se non sei una superstar, sei fortunato se riesci a durare quattro o cinque anni prima di essere scalzato da qualche sveglio cinquantenne salito dai ranghi inferiori.

Ma a chi importa? Quella prima settimana, tutte quelle crude realtà erano l'ultima cosa a cui pensavo. Mi sentivo così spensierato e imperturbabile che non potevo fare altro che giocare bene.

Su un percorso lungo e con condizioni ventose difficili, totalizzai 71, 72 e 69 per arrivare sedicesimo e ottenni il mio *secondo* corposo assegno in due settimane.

Comprendendo i 4500 intascati per essere arrivato ottavo alla Q-School (3000 dei quali erano, lo ammetto, soldi miei), avevo incassato 12.400 dollari in due settimane. Come sparare alle anatre, riflettei. Persino Noah era colpito quando chiamai casa. Sembrava che tutti a Winnetka tifassero per me – tutti tranne Sarah.

CAPITOLO 21

«Spero che tu ti sia goduto la tua piccola camminata in punta di piedi tra i tulipani, Travis», disse Earl, «perché la festa è finita.»

«Scusa?»

Stavamo bevendo birra gratis al bar nella lobby del Marriott, alla fine della mia prima, assolutamente deliziosa settimana di tour, e Earl mi stava già leggendo il regolamento carcerario.

«Non so come intendi passare *tu* i prossimi sei mesi, ma *io* non sono venuto qui per portare la sacca a un turista fanatico dei divi che non conosce la differenza tra un'impresa irrealizzabile e l'occasione di una vita. Travis, lo sai quanti golfisti ammazzerebbero i loro cagnolini per un anno come questo? E la cosa triste è che potresti davvero realizzare qualcosa. Ma hai talmente tanto da imparare che non è nemmeno divertente. Dunque, o ti metti a fare sul serio, o io me ne torno a Monroe a lavorare sul mio gioco.»

Non sapevo se ero più imbarazzato o grato, perché mi rendevo conto che Earl aveva ragione. Nella mia carriera di pubblicitario avevo escogitato ragioni d'ogni tipo per cui facevo bene a non darmi particolarmente da fare, e le sostengo ancora per la maggior parte. Ma due settimane fa, in una lunga domenica a Tallahassee, tutte quelle ragioni erano svanite.

Se non riuscivo a imparare adesso, o ero un codardo o ero un pazzo. E non pensavo di essere nessuno dei due.

Da quel giorno in poi, cominciai a mangiare, dormire e defecare golf. Non solo giocai e mi allenai otto ore al giorno, sette giorni alla settimana, comprese almeno quattro ore al giorno sul campo di pratica, ma mi ci applicai con una convinzione e una concentrazione che non avevo mai riservato ad altro. Per la prima volta nella mia vita adulta, mi sentivo come se ogni giorno puntassi tutto sulla linea di tiro, come se mettessi in gioco la mia stessa anima, vivendo come un artista.

Uno dei miei primi progetti, ciò che maggiormente distingue un professionista da un giocatore con handicap basso, era il controllo della distanza. Quando entrai per la prima volta nel tour, rimasi quasi deluso dal modo in cui i giocatori colpivano la palla. La prima volta che vidi Dave Stockton, pensai che avesse un handicap 5. Poi lo vidi *puttare*.

Il fatto è che persino i giocatori più illustri raramente eseguono colpi assolutamente perfetti. Quello che i bravi professionisti hanno, tuttavia, è la consapevolezza totale e precisa della loro abilità, che comincia nel sapere esattamente a quale distanza possono arrivare con ogni bastone che hanno nella sacca. Non a quale distanza *vorrebbero* tirare, o dove sono arrivati *una volta*, ma quanto lontano sanno tirare *sotto pressione* il novantanove per cento delle volte.

Dopo la gara a Ojai, mi accinsi a tentare di acquisire

e rifinire questa conoscenza di me stesso. Il primo mese dedicai almeno due ore al giorno a impratichirmi partendo dal wedge fino ad arrivare al ferro 5, finché non riuscii a capire a quale distanza potevo aspettarmi di tirare.

E, ancora una volta, lavorai sodo su ogni singola parte del mio gioco. Un giorno mi spalmai di crema solare, presi un asciugamano e una bottiglia di Gatorade e trascorsi l'intero pomeriggio in un bunker di pratica. So quanto ci sono rimasto perché Trevino mi salutò mentre si recava alla sua partita di allenamento, giocò l'intero giro, andò alla club-house, fece la doccia, mangiò un sandwich e quando uscì mi trovò ancora intento a scavare buchette nella sabbia.

«Se cerchi solo d'impressionarmi, Travis», mi disse Trevino, «ci riesci benissimo. Ora, se non esci di lì al più presto, qualcuno ti denuncerà al sindacato.»

Feci una piacevole scoperta. Se lavori sodo a qualcosa otto ore al giorno, migliori. Non necessariamente di molto, ma un poco sì, e va già bene, perché perfezionarsi nel golf, come probabilmente in qualsiasi altro campo, è solo questione di ottenere una serie infinita di minuscoli miglioramenti.

Lentamente ma indubbiamente, cominciai a sentirmi un professionista. Sapevo esattamente a quale distanza arrivavo con ognuno dei miei bastoni. Non m'innervosivo più ogni volta che dovevo tirare corto a dieci metri o far uscire la pallina dal rough dopo un colpo fallito.

Ovviamente il golf non è un'arte che si possa padroneggiare sempre, ma un momento del mio apprendistato spicca sugli altri.

Fu durante la mia quinta gara da professionista, il Brunos' Memorial a Birmingham, Alabama. Valutando un lie da flier nell'erba alta, un green che digradava bruscamente e una bandiera posta proprio sul bordo anteriore, feci qualcosa che non avrei mai pensato di fare da dilettante. Lanciai la palla nel centro del bunker vicino. Di proposito.

Da lì, la tirai a un metro e mezzo con un explosion e mi aggiudicai il par.

Era solo un par, ma sembrava molto di più.

Anche Earl sapeva cosa significava perché mentre uscivamo dal green mi tese la mano, mi guardò negli occhi e disse: «Travis, benvenuto nel Senior Tour».

Dopo quarantadue anni che giocavo a golf, mi sentivo un vero golfista. Niente cose facili. Niente spezzatini con gli avanzi. Niente stupidaggini.

CAPITOLO 22

È IL momento di un quiz sul golf.

Una domanda. Trenta secondi per rispondere. Cominciamo.

Siete nel secondo giro di una gara. Il primo giorno avete giocato nella norma e il sabato vi siete scaldati andando quattro sotto nelle prime cinque buche. E diciamo anche, tanto per discutere, che dopo un solido drive alla 6 (par 5), vi ritrovate a duecento metri da un piccolo green protetto da un ostacolo d'acqua frontale. Il vento, seppur poco, soffia da destra a sinistra.

Che cosa fate? Ve lo chiedo perché nella mia sesta gara, la Dallas Reunion Pro-Am, mi trovai in questa stessa situazione. Il cronometro è già partito. *Che cosa fate?*

Mirate al green e cercate di arrivare a cinque o magari sei sotto il par, o vi accontentate e ve ne andate tranquillamente con il vostro par? Ricordate che siete quattro sotto il par. Fumate di rabbia. Pigiate sul pedale dell'acceleratore e rischiate uno scontro o togliete gas finché non superate senza pericolo questo piccolo tratto?

Tic-tac-tic-tac. Mancano quindici secondi.

Allora, cosa sarà? La signora o la tigre? Avidità o

cautela? I miseri spiccioli già in pugno o quello che c'è dietro la deliziosa ragazza con i tacchi alti e la porta numero uno? Allora, che cosa fate, ragazzi? Vi sentite fortunati? Pensate di avere talento?

Ecco la campanella. Tempo scaduto. Mettete giù le matite e passate il compito al compagno alla vostra destra.

Avete deciso di accontentarvi, vero? Più ci riflettevate, più vi sembrava l'unica cosa da fare. Dopotutto, pensavate, eravate già quattro sotto, perché forzare la mano alla fortuna?

Feci anch'io questa scelta, e ora vi dico cosa accadde.

Poiché mi trovavo a soli centoquaranta metri dall'inizio dell'acqua, eseguii un morbido pitch fino al bordo dell'ostacolo. Poi, volendo essere certo di non bagnarmi – dopotutto, è una buca giocata prudentemente –, tirai il mio secondo wedge un po' più forte e lanciai la pallina un metro e mezzo lontano dalla parte posteriore del green. Poi, dopo un chip così così, mi ritrovai con un tiro da due metri e mezzo per salvare il par.

Mancai il putt e me ne andai, non così tranquillamente, con un bogey.

Giocando sensatamente e con intelligenza, avevo preso un possibile eagle, o molto probabilmente un birdie con due putt, e lo avevo trasformato in un dannato bogey, e spazzato via completamente la mia struttura mentale.

Vedete, mi ero allenato e ancora allenato ed ero veramente diventato un *golfista migliore*. Ora, dovevo imparare ad abituarmi a questo fatto o, come i professionisti amano dire, dovevo essere «a mio agio» con questa novità.

Voglio dire, perché mai, se il vento non è un fattore, non mirare a un green che dista solo duecento metri, tranne che per il fatto di esserti improvvisamente ritrovato quattro sotto il par e di essere un po' stordito e di cominciare a porti ogni sorta di domande irrilevanti?

«Sembra che t'imbarazzi essere bravo, Travis», commentò Earl dopo la partita. «Quasi te ne vergogni. E così appena arrivi a tre o quattro sotto, inizi a temere che gli dei del golf si rivoltino e ti puniscano. Travis, non è un delitto se per natura sei bravo in qualcosa... soprattutto se è una cosa essenzialmente senza senso come il golf.»

Inoltre, se riesco a filosofare per un paragrafo, in questa storia deve essere coinvolto un principio ancor più fondamentale, valido per tutto, da quello che decidi di fare come mestiere al modo di preparare una frittata, e cioè che non c'è nulla di così pericoloso, quasi una garanzia di confusione e successivo rimuginare davanti a un bicchiere, del non rischiare niente.

Potrei sbagliarmi, naturalmente.

CAPITOLO 23

QUANDO ripenso a quello che accadde al Bell South Classic di Nashville, Tennessee, nel primo fine settimana di giugno, mi rendo conto che Earl mi stava fornendo un indizio dopo l'altro su come sarebbe andata a finire. Ma fortunatamente, all'epoca, ero troppo preso dagli eventi per coglierne anche solo uno.

Per cominciare, c'era il leggero, ma percettibile, zoppicare di Earl. Forse non lo avevo osservato con sufficiente attenzione, ma in sette gare, non avevo mai notato prima che Earl si trascinasse.

Ancor più curioso era il fatto che Earl, il quale non aveva mai mostrato la benché minima tensione sul campo di golf, e dopo un decennio che era stato sotto il fuoco nemico nel Sudest asiatico considerava oltraggioso il concetto in sé di pressione atletica, fosse più nervoso di me.

Certo, avevo appena terminato tre buche di seguito con un colpo sotto il par e, certo, per la prima volta ero in testa in una gara di professionisti. Ma comunque era ancora solo sabato. Per come la vedevo io, avrei almeno dovuto aspettare la domenica per cominciare a sconvolgermi.

E poi c'era l'*estrema urgenza* di Earl, che sembrava leggermente fuori posto date le circostanze. Anche dopo avere realizzato un birdie alla 15, alla 16 e alla 17, Earl mi tormentava come un fantino che facesse schioccare la frusta sulla dirittura d'arrivo.

«Dobbiamo fare un altro birdie, Travis», mi disse mentre ci avvicinavamo alla 18. «Dobbiamo assolutamente.»

Ora, io apprezzo il valore di un birdie come chiunque altro, e capisco la necessità di sfruttare una mano fortunata quando ti capita, ma perché, mi domandavo, era così importante farlo proprio in quel momento?

E infine c'era il sorriso da gattone esibito da Earl quando imbucai l'ultimo putt da tre metri alla 18 passando chiaramente in testa, e il modo in cui mormorò: «Pebble Beach, arriviamo!» Pebble Beach, il più spettacolare campo di golf d'America, avrebbe ospitato l'U.S. Senior Open il mese seguente, ma l'unico modo per ottenere un invito stampato in rilievo a partecipare alle danze era *vincere* una gara prima di allora, e nonostante il mio piccolo vantaggio, difficilmente avrei raggiunto quell'obiettivo, o mi ci sarei anche solo avvicinato.

Ma quella sera, tutto il nervosismo di Earl svanì di colpo e per tutta la cena disse sì e no una parola. In effetti, fu stranamente tranquillo e alla fine fui costretto a chiedergli se non stesse preparando un discorsetto d'incitamento per la gara del giorno dopo. «Sai», dissi, «qualcosa nella vena del guru-psicologo sportivo.»

«Da come esegui putt e swing, Birdie Man», rispose Earl con un sorriso, «potresti vincere a occhi chiusi.»

«Oh, bene, allora mi consolo», replicai io, «anche se comincio a essere un po' preoccupato per te.»

«Ti capisco», fece lui. «Io mi preoccupo per me tutti i giorni. È questa la mia forza.»

Nonostante facesse un po' il misterioso, il comportamento misurato di Earl mi aiutò a rilassarmi. Non ebbi difficoltà a prendere sonno e, una volta addormentato, dormii profondamente.

Fino alle tre del mattino, quando fui svegliato dal rumore tempestoso del cielo che veniva lacerato come un sacchetto di carta. Rotolai giù dal letto e andai a guardare fuori della finestra. Pioveva così forte che non riuscivo a vedere il terrazzo. E tre ore e mezzo dopo, quando mi alzai, pioveva ancora a scrosci.

A questo punto sono sicuro che Ben Hogan avrebbe guardato torvo il cielo carico di nuvoloni e avrebbe chiesto senza esitazione che la piantasse di piovere, in modo da potere uscire e vincere il suo torneo senza nessuna dannata intromissione dall'alto. E senza dubbio Jack Nicklaus avrebbe considerato altrettanto ripugnante la possibilità di ottenere la sua prima vittoria da professionista se non in una situazione normale.

Ma io non sono Ben Hogan e nemmeno Jack Nicklaus. Io sono Travis McKinley. Perciò se chiunque di voi fosse stato nella stanza 1215 del Nashville Ramada quel mattino, avrebbe assistito all'indecorosa scena di un uomo adulto con addosso soltanto la biancheria intima che cadeva in ginocchio sul grande tappeto del motel e imbarazzava Dio con cinque o sei preghiere costellate di alleluia e amen affinché la precipitazione non cessasse...

«O possenti nuvole», mi vergogno di avere detto,

«vi prego di sentirvi libere di svuotare indefinitamente la vostra acqua su questi suoli inariditi. »

Cinque minuti più tardi, le mie preghiere furono interrotte da Earl che mi telefonava per farmi le sue congratulazioni per la mia *prima... vittoria... professionistica*. Due ore dopo, ricevetti la chiamata dall'ufficio della gara: potevo cortesemente passare a ritirare il mio trofeo e il mio assegno di 165.000 dollari?

Come si fa non amare questo Paese?

Pensai che fosse una ragione sufficiente per svegliare i miei eredi a Winnetka.

«Centosessantacinquemila dollari», ripeté Simon con voce impastata. «Sai cosa significa? »

«Che cosa», domandai io.

«Che sei uno schifoso yuppie. »

«Non puoi limitarti a immaginarmi al volante di una Beemer rosso borgogna? » azzardai io.

«Non farmi vomitare», mi pregò Simon. «Comunque, congratulazioni. »

Dove avevano acquisito questi valori, mi domandavo. Da me, da chi altri?

«Non sei schifoso, papà», disse Noah, «sei solo ricco. »

« *Your daddy's rich and your mama's good-looking* », cantai scivolando in Gershwin. «Posso parlarle? »

«Doveva partorire un bambino», spiegò Noah. «La conosci mamma. »

«Doveva partorirlo lei? » domandi io – il successo mi aveva reso sufficientemente divertente per un normale bambino di quattro anni.

«Piantala, papà», intimò Noah che di sicuro è sopra la media.

«Diglielo tu per me, va bene? Io chiamo Elizabeth.»

«D'accordo, papà», disse Noah. «Lo dico io a mamma.»

Dopo avere telefonato a Elizabeth, Earl e io prendemmo l'hardware e il software e andammo direttamente al ristorante più trendy e più costoso di Nashville, dove ci comportammo come qualunque altro paio di ricchi amici di mezza età guastati dalla fortuna. Mangiammo molto. Bevemmo anche molto e parlammo e ridemmo a voce troppo alta. Fu meraviglioso.

Nonostante il denaro piovutomi dal cielo, saltò fuori che non ero assolutamente ricco come Earl, il quale rivelò per la prima volta che in una giornata positiva il suo portafoglio azionario valeva dal milione al milione e mezzo di dollari. Gli staccai comunque un assegno da trentatremila dollari.

Forse fu il vino o la buona compagnia, o entrambe le cose, ma dopo un po' cominciai a commuovermi. «D'ora in poi, Earl», dissi, «invece di chiamarmi Travis, credo che sarebbe meglio riferirti a me come al *Campione in carica del Bell South Classic*.»

«Ne sarei altamente onorato», disse Earl, chiaramente commosso al par mio. «Ma sembra quasi uno scioglilingua, non trovi? Soprattutto se ci aggiungi l'asterisco che indica la vittoria per pioggia.»

«Ma baciami l'asterisco!»

«All'U.S. Senior Open», disse Earl alzando il suo champagne.

«A Pebble Beach», brindai io toccando il suo bicchiere. «La metterò in ginocchio quella gara!»

«Oh, Gesù», gemette Earl. «Speriamo di non doverci rimangiare queste parole!»

Se la banca fosse stata aperta a quell'ora, avremmo continuato a ridere tutto il tragitto per arrivarci.

Cercai di chiamare Sarah quando rientrai in albergo, ma non era ancora tornata dall'ospedale, cosa che mi fece sentire seriamente non corrisposto. Per rallegrarmi, scesi alla reception, feci una fotocopia del mio assegno, lo infilai in una busta e lo spedii con la Federal Express al mio vecchio amico Mike Kidd a Chicago. Oh, ci aggiunsi un piccolo motto molto facile da ricordare: « Vaffanculo! »

CAPITOLO 24

«IN TUTTI i miei anni», proclamò Earl a proposito di nulla, come se stesse parlando a se stesso o avesse improvvisamente deciso di intavolare una conversazione con il sole che tramontava, «non ho mai visto niente di così pietoso, miserabile e assolutamente patetico come un essere umano innamorato.»

Dopo Nashville, il tour si era diretto a Phoenix per una settimana, e nella nostra prima sera in Arizona me ne stavo seduto accanto a Earl sulla terrazza dell'Hilton, domandandomi cosa stesse facendo Sarah in quel momento e dove figuravo, se vi figuravo, tra i suoi affetti.

«È un dato di fatto?» chiesi al mio consulente spirituale e fisico.

«Prendiamo te, per esempio», continuò lui.

«Va bene», acconsentii. «Visto che al momento non sono troppo occupato.»

«Che cosa vedi proprio in questo istante?» domandò Earl.

«Il sole che tramonta e il suolo del deserto che sembra incendiarsi», risposi.

«Diresti che è una bella vista, Travis?»

«Mozzafiato, Earl.»

«E il tempo? Come descriveresti il tempo?»

«Dannatamente piacevole», risposi io.

«Piacevole un corno», disse Earl. «È perfetto. Diamine, è talmente perfetto che non sento nemmeno l'aria sulla pelle. Cos'è che hai in mano?»

«Una Budweiser gelata. Te ne porto una?»

«Sto bene così, ma grazie. E il tuo conto in banca? Come va?»

«Non vorrei sembrare grossolano, Earl, ma è più alto di sei cifre rispetto a tre giorni fa.»

«Grazie, Dio, per la pioggia», salmodiò Earl.

«I raccolti ne hanno beneficiato», concordai io.

«Ed esattamente, che lavoro fai?»

«Gioco a golf, Earl.»

«Fammi capire bene: ti pagano – splendidamente, pare – per giocare a golf sui percorsi più belli del Paese?»

«Mica male, no?»

«Dunque sei qui che ti bevi una birra gelata, ti godi una delle viste più spettacolari del pianeta, con centotrentacinquemila dollari che ti fruttano un buon interesse, a seguito di un miglioramento della tua situazione talmente estremo da far sospettare che Dio faccia dei favoritismi, e *come ti senti?*»

«Infelice», risposi io.

«Resto della mia dannata idea. E sì, adesso la prendo quella birra.»

CAPITOLO 25

QUATTRO settimane dopo la chiacchierata sulla terrazza con il mio guru, mi trovavo sul tee di partenza del Nationwide Championship di Alfaretta, Georgia. Ero un uomo cambiato.

Come poteva essere altrimenti. Nel giro di qualche mese, mi ero liberato della mia vecchia vita di copywriter e mi ero reincarnato in un atleta professionista. Per prima cosa, avevo partecipato al Senior Tour. Poi l'avevo vinto. In due giorni avevo guadagnato più soldi che in due anni. Nel farlo, mi ero quasi garantito un secondo anno nel tour, avevo conquistato l'invito all'U.S. Senior Open e mi ero dato l'opportunità di gareggiare non solo per il denaro ma anche per scrivere un piccolo pezzo di storia.

Lasciate che vi dica quale effetto aveva prodotto questa piacevole fortuna sul mio gioco e sulla mia testa.

Non riuscivo nel drive. Non riuscivo nel putt. Non riuscivo a usare i ferri. E non riuscivo nemmeno nei chip. Se ho dimenticato di citare qualche tiro, non riuscivo a fare nemmeno quello.

In un mese, ero passato da un accettabile 70 a un esagerato 80. I miei tre precedenti risultati finali furono ultimo, ultimo e ultimo – *rilevate una costante?* – e i miei punteggi al Cadillac NFL Classic – 83, 86, 89 – potrebbero disonorarmi per anni come il totale più alto su tre giri nei quattordici anni di storia del Senior Tour. Dopo la vittoria a Nashville, non andai incontro a un calo o a un crollo, precipitai proprio in caduta libera.

Il mio stato mentale era pressappoco identico: una bomba Molotov di depressione e ansia. Se il nervosismo è la condizione che insidia l'esecuzione del putt, allora io soffrivo di una condizione ben più letale e diffusa che sabotava ogni funzione mentale e fisica. Cominciai a farmi la barba con il rasoio elettrico nel timore di potermi accidentalmente ferire in maniera grave con la lametta.

Tutti i medici dello swing più famosi facevano visite a domicilio. David Leadbetter, acclamato per il suo lavoro con Nick Faldo e Nick Price, mi prescrisse una revisione completa grazie alla quale sarei arrivato a fare del tronco, e non delle gambe, il «motore» del mio swing. Butch Harmon mi guardò di traverso sul campo pratica. Jim McLean analizzò ogni millimetro del mio swing al videoregistratore. E il mistico irlandese Mac O'Grady mi assegnò un mantra bisillabico da ripetere alla massima altezza del backswing. Ve lo direi, ma ho pagato duemila dollari per averlo.

Di giorno in giorno mi sentivo sempre meno all'altezza della definizione datami nell'articolo a cui si era riferito Trevino – «Il miracolo della Q-School». Un imbroglione. L'impostore dell'anno. Un guastafeste. Pensavo di poter diventare il primo giocatore professionista che abbandonava il tour, per l'imbarazzo.

Senza dubbio ero mentalmente esaurito e «ingolfato». Provate a giocare a golf per quarantacinque giorni di fila, dopo che per trent'anni lo avete fatto un paio di volte la settimana. Ma più di tutto, avevo nostalgia di casa. Mi mancava la mia famiglia. Mi mancavano Noah e Simon ed Elizabeth. Mi mancava il nonno, e il mio cane. E più che mai mi mancava Sarah, perché in quella crudele svolta del destino, mi sembrava di averla persa proprio quando avevo trovato qualcosa da condividere con lei.

Eppure, per quanto desiderassi tornare a casa, temevo questo momento, perché avevo paura che l'unica cosa che Sarah mi avrebbe dato sarebbero state cattive notizie ancor più definitive.

E se, dopo averci riflettuto tranquillamente e obiettivamente per alcune settimane, fosse giunta all'inevitabile conclusione che stava meglio senza di me? Se fosse stata quella la sua decisione, non ero sicuro di riuscire a riprendermi. D'altra parte, visto che i miei timori erano così spaventosi, la realtà non poteva essere peggiore.

Era giunto il momento di parlare con lei, a prescindere da quello che mi avrebbe detto. Era più che il momento di abbracciare i miei bambini. Era il momento di tornare a casa, anche se, in un certo senso, come poi scoprii, per l'ultima volta.

CAPITOLO 26

IL LUNEDÌ mattina, mentre uscivo dall'aeroporto O'Hare al volante di un'auto a noleggio, dirigendomi a Winnetka, non provavo nessuna vertiginosa eccitazione e non nutrivo nessuna aspettativa.

Nell'autoradio non c'era Sinatra che cantava *Come Fly with Me*. Nell'abitacolo regnavano solo silenzio e timore.

A un certo punto di quella sera avrei avuto quella che poteva rivelarsi la mia ultima conversazione sincera con Sarah, e quella eventualità era troppo spaventosa per arrivare a considerarla, per non dire accettarla.

Mentre svoltavo nella mia via, la Old North Winnetka Road, mi sentivo un Adamo cinquantenne che guardava il suo vecchio vicinato per l'ultima volta. Ogni dettaglio, dal vialetto circolare di casa Lampke al dissuasore di velocità davanti a quella dei Crassweller, mi sembrava un particolare che ero in procinto di perdere.

Quando il sabato sera avevo chiamato Sarah per avvertirla che tornavo a casa per una visita, lei non si era mostrata esattamente entusiasta. Il lunedì doveva lavorare, mi disse, e non sarebbe rientrata fino a tardi – ma

Elizabeth che era andata lì per il fine settimana, aveva immediatamente deciso di fermarsi un paio di giorni in più. E Simon e Noah annunciarono che avrebbero rinunciato volentieri all'allenamento di calcio e alla giornata di campeggio, rispettivamente.

Ciò nonostante, durante il volo e il tragitto in macchina verso casa, pensai principalmente a Sarah. Non saprei spiegare perché, a meno che non fosse perché ero arrivato a sentirmi indegno dei bambini come di lei, ma non pensavo che i miei figli avrebbero sentito così tanto la mia mancanza. Come molti padri, avevo cominciato a considerarmi l'unico anello debole e superfluo della famiglia. Quasi mi aspettavo di entrare in casa e di scoprire che ogni traccia della mia esistenza era stata eliminata dagli scaffali.

Invece, trovai Simon, Noah ed Elizabeth che mi aspettavano nel cortile davanti, reggendo un lenzuolo su cui avevano scritto «Casa di Travis McKinley, Campione del Bell South Classic».

Ragazzi, che stupenda sorpresa. E quando smontai dall'auto, Noah mi saltò in braccio e mi buttò le braccia al collo, stringendo tanto forte da impedirmi di respirare. Persino Simon ed Elizabeth mi abbracciarono come mai avevano fatto prima.

Ma non era solo l'ondata fisica del loro affetto. Era il modo in cui mi guardavano. Cercavano di rendere estremamente chiara una cosa ben precisa, affinché anche un pazzo come me non potesse fraintenderla o ribaltarla. *Mi volevano bene. Sentivano la mia mancanza. Erano orgogliosi di me.*

Anch'io ero fiero dei risultati ottenuti, ma ultimamente la disperazione per l'allontanamento da Sarah li aveva in gran parte svuotati di significato. Per loro, invece, tutto quanto era accaduto era stata una ventata di pura energia. «Papà, l'ho sempre detto agli amici che eri un vero campione», confessò Simon, «ma nessuno mi credeva. Ora non sta a loro decidere se crederci o no.»

Persino Elizabeth era espansiva. «Giuro su Dio», mi disse, «che sei l'eroe di tutta la Yale Medical School. Da come mi tratta ora il capo del dipartimento, sembra che tu abbia ricevuto il Nobel. Anzi, così l'onore sarebbe stato inferiore ai suoi occhi. Sarà perché giocano tutti a golf e sono dei grandi adulatori, ma non fanno altro che chiedere di te.»

«Sei forte, papà», sussurrò Noah sempre aggrappato al mio collo. Aveva leggermente mollato la presa, e nei due giorni successivi avrebbe lasciato che lo mettessi per terra per un totale di dieci minuti.

Quel giorno fu uno dei più belli della mia vita. Mi fece capire che qualunque cosa fosse successa, non li avrei perduti. Fu anche una rivelazione. Non avevo mai compreso quanto disperatamente i ragazzi desiderino essere orgogliosi del proprio padre. Questo mi fece pensare che la mia piccola impresa poteva avere un impatto maggiore su di loro che su di me, facendo loro capire che è più che giusto fare quello che desideri veramente. Loro non si dovevano rassegnare a un lavoro qualsiasi che ti distrugge l'anima e finisci con l'odiare. Le possibilità ci sono. In parte lo avevano già imparato da Sarah, ma dovevano apprenderlo anche da me. Spiegarlo è difficile.

Non so fino a che punto fossero al corrente dei problemi tra Sarah e me. Elizabeth e Simon dovevano sapere. Forse sapevano tutti, perché la spinta a fare insieme una qualsiasi attività famigliare venne da loro tanto quanto da me.

Ecco perché finimmo con l'andare a nuotare nella gola, in una di quelle piccole e perfettamente anonime piscine naturali alla fine di una stradina di campagna fuori città, dove avevo portato Elizabeth e Simon almeno una volta ogni estate, e che aveva assunto uno status mitologico nella brillante fantasia di Noah.

Arrivammo alla gola alle tre di un perfetto pomeriggio di luglio, e per un paio d'ore ce la godemmo tutta per noi.

L'acqua era gelida, ma il sole sulla schiena, mentre ce ne stavamo seduti sui massi semisommersi sparpagliati sul letto del torrente, era abbastanza forte da non farci patire il freddo.

Simon, con i suoi adorati occhiali da sole Oakley e gli orecchini che pendevano appena dai lobi, si accovacciò sulla pietra più lontana.

A un paio di metri di distanza era appollaiata Elizabeth, simile a una sirena della Ivy League, con i bei capelli castani che le ricadevano sulla schiena magra.

Noah mi sedeva in grembo con addosso il suo giubbetto salvagente; eravamo su un piatto masso a qualche metro dalla riva. Per un lungo, memorabile momento ci limitammo a sorriderci a vicenda, senza dire una parola, e ad ascoltare il gorgoglio dell'acqua che scorreva sulle pietre levigate.

CAPITOLO 27

« ALLORA, come sta il neonato? » domandai a Sarah. Era appena tornata dall'ospedale e io l'aspettavo nervosamente in cucina.

« Quale? » chiese lei incrociando solo per un istante il mio sguardo. Buttò le sue cose su una sedia e si versò un bicchiere dalla bottiglia di vino bianco mezza vuota che stava in frigorifero.

« Il primo bebè nato a Winnetka quest'anno », precisai io. « Quello del primo dell'anno. »

« Oh, *lei* sta bene », assicurò Sarah. « Ha già il nasino forato. È indiana. »

Noah era finalmente crollato, alle dieci. Elizabeth e Simon erano andati a letto verso mezzanotte, ma Sarah non era arrivata prima delle due del mattino. Era possibile che fosse stata trattenuta in ospedale da qualche emergenza, ma sembrava più probabile che avesse ritardato di proposito perché temeva quanto me quella conversazione.

A un certo punto, circa un anno fa, Sarah aveva quasi smesso di rivolgermi la parola. All'inizio insisteva nel dire che non c'era niente che non andava, poi alla fine aveva ammesso che qualcosa c'era. E ora, negli ultimi due mesi, era arrivata a prospettare la possibilità di un divorzio. E tutto questo senza dirmi realmente perché.

Alla fine, non mi restò altra scelta che concludere che il motivo per cui Sarah non aveva interesse a parlarmi era che, nella sua mente, aveva già deciso che era tutto finito.

«Perché deve accadere questo, Sarah?» le domandai ora.

«Non lo so, Travis. Mi sono posta anch'io la stessa domanda.»

«Bene, e quando?»

«Travis...» Sarah fu sul punto di dire qualcosa, poi abbassò lo sguardo sul bancone e cominciò a piangere.

«Sono cambiato», dissi. «Prima non potevo cambiare, lavorando alla Burnett. Nemmeno capivo perché. Sapevo solo che mi sembrava tutto sbagliato.»

«Oh, andiamo, Travis.»

«Sarah, so di essere stato un peso per un po'. So di averti delusa a volte.»

«Dopo che abbiamo avuto Noah, e che neanche la sua nascita ti ha rallegrato, ho pensato che non contassimo molto per te.»

«Sarah, fino a quando non sono entrato nella Q-School, nemmeno io sapevo quanto fossi infelice. Ma non perché non amassi te e i ragazzi. Sono certo di esserti sembrato un miserabile ingrato, ma sfortunatamente avere una grande moglie e dei figli meravigliosi non ti fa amare di più te stesso. Ti fa solo amare loro.»

«È troppo tardi», replicò lei. «Mi dispiace veramente. E comunque non sono sicura di sapere come comportarmi con questo nuovo Travis. Forse ti sto dando la libertà.»

«Sarah, non voglio essere libero. Voglio la palla al piede e la catena chiusa con un lucchetto di sicurezza.»

«Hai sempre avuto un'idea così romantica del matrimonio, Travis», commentò lei sorridendo appena tra le lacrime.

«Sarah, tu sei l'unica per me», la supplicai. «Lo sei sempre stata. Non so cosa farò se non potrò vederti diventare vecchia e rugosa.»

«Sono già vecchia e piena di rughe.»

«Ma dai!» replicai io. «Voglio poter pensare a te e ricordarmi quanto sei bella, sapendo di avere passato tutta la vita con te.»

«Non sempre si ottiene quello che si vuole, Travis.»

«Ma non potremmo almeno tentare?»

«Ormai è troppo tardi. Vorrei che non fosse così. Veramente.»

Dopo di che, Sarah andò a letto da sola.

CAPITOLO 28

PIÙ tardi quel mattino il mio nonno novantatreenne – aveva festeggiato il compleanno due settimane prima, totalizzando un rispettabile 98 – se ne stava piazzato nel centro del fairway della 12 del Creekview Country Club e lasciava cadere tre Titleist sul terreno erboso del green.

Forse non c'è niente di peggio di un inverno a Chicago, ma sicuramente nulla è meglio di un luglio a Chicago, e quella mattina ne era un perfetto esempio, con una temperatura sui ventisei gradi e una brezza sufficiente a tenere l'aria fresca.

Erano cambiate talmente tante cose da quando mi ero trovato lì la volta precedente e forse, per ricordarmelo, mio nonno mi aveva portato nello stesso punto dell'ultima lezione di gioco. Il fairway, allora duro e fangoso, ora era ricoperto da uno spesso manto d'erba. L'enorme quercia a una quarantina di metri, che ci era servita da ostacolo sfrondato, adesso era piena di foglie verdi e lucide.

«Nonno», annunciai, «Sarah vuole il divorzio.»

«Bene, Travis, e tu cosa vuoi?» domandò lui, come se potessi ancora dire la mia al riguardo.

«Voglio che rimaniamo insieme.»

«Gliel'hai detto?»

«Certo.»

«Allora, hai fatto quel che potevi. Come l'amore venga elemosinato è uno dei grandi misteri del pianeta, ma una cosa che ho imparato è che non puoi costringere nessuno ad amarti. È un po' come cercare di fare un birdie. Rincorrerlo troppo non fa che peggiorare il gioco.»

«Nonno, quando sono in tour mi sento un imbroglione», confessai.

«Da dove salta fuori questo continuo grattare finché non trovi la latta sotto l'oro? Non c'è niente di fasullo in te. Se non altro, sei fin troppo vero per il tuo stesso bene.»

«Allora, cosa vuoi che colpisca, nonno?» domandai alla fine abbassando lo sguardo sulle tre palline che aveva lasciato cadere.

«Non voglio che colpisci niente, Travis», disse lui con la luce fiammeggiante degli occhi rimasta inalterata nonostante il passare degli anni. «Per quanto mi riguarda, non devi dimostrare un bel niente né a me, né a Sarah, né a tuo padre né a nessun altro. Voglio solo che raccogli queste palline e ci giochi all'Open della prossima settimana, e voglio che tu ti diverta, diavolo, perché ti dirò una cosa, io mi divertirò a guardarti. E a proposito, Travis, nel tuo swing non c'è assolutamente niente di sbagliato.»

«Nonno, non mi hai nemmeno visto colpire una palla.»

«Non ne ho bisogno.» Detto questo, girò i tacchi e si diresse alla club-house. «La lezione è terminata, Travis», disse. «Andiamo a bere qualcosa.»

CAPITOLO 29

TRE ore più tardi mi trovavo a Chicago all'angolo tra Commonwealth e Baxter, con le mani che mi tremavano come quelle di un vecchio ubriacone e un ridicolo sorriso appiccicato sulla faccia.

Sebbene la prova fosse schiacciante, stentavo a credere a quello che avevo appena fatto.

Come sempre, l'essere andato a trovare il nonno aveva notevolmente migliorato la mia forma mentale, ma nonostante tutti i suoi tentativi, non era riuscito a distogliere il mio pensiero da Sarah. E sulla strada di ritorno all'O'Hare per prendere un volo per San Francisco e per l'U.S. Senior Open, avevo effettuato una leggera deviazione e fatto qualcosa che date le circostanze potrebbe ragionevolmente essere interpretato come legalmente insensato.

Eppure, per qualche motivo, mentre me ne stavo sul marciapiede in quel delizioso sole pomeridiano, con i passanti che mi trotterellavano accanto impegnati a fare acquisti nei loro eleganti abiti firmati, non avevo alcun desiderio di disfare quel che avevo fatto. In effetti, era stata un'azione talmente sopra le righe che mi aveva regalato una sorta di pace mentale, la stessa che rag-

114

giungi quando sai di avere fatto tutto il possibile. Dopotutto, come mio nonno e Sarah avevano sottolineato,
«non dipende tutto da me».

Dunque, dov'ero andato e cosa avevo fatto esattamente per sentirmi così a disagio in quell'angolo di
strada di Chicago come se fossi stato nudo?

Mi piacerebbe dirvelo. Vorrei raccontarvelo, veramente. Solo che non posso.

È troppo imbarazzante.

TERZA PARTE

MIRACOLO ALLA DICIASSETTESIMA

CAPITOLO 30

IL COMPLETO, ultraterreno, celestiale significato dell'essere a Pebble Beach e di partecipare all'U.S. Senior Open non penetrò in me fino a pochi istanti dall'inizio del primo giro, il giovedì.

Accadde quando Earl scivolò dietro di me sulla madre di tutte le piazzole di pratica, mi diede una pacca sulla spalla e disse: «Travis, mettiamoci al lavoro».

Fino ad allora, avevo distrattamente tirato la palla corta di una decina di metri nell'enorme ellissi abbacinante, ipnotizzato come un qualsiasi turista dalla magnificenza della costa frastagliata e dalla divina brillantezza della luce della California del nord che conferiva a qualunque superficie una lucentezza metallica.

Ora, mentre ci facevamo strada tra la folla, le mie gambe dimenticarono come si cammina e mentre cercavo freneticamente d'imparare di nuovo il concetto base di piede destro, piede sinistro, mi tornò alla mente l'immagine di James Cagney che veniva condotto in quell'ultima, lunga camminata dal penitenziario alla sedia elettrica in *Gli angeli con la faccia sporca*.

Una volta ero stato più nervoso su un campo di golf. Era un pomeriggio di quarantadue estati prima, quando dopo tre anni che tiravo palle, mio nonno decise finalmente che potevo giocare una vera partita e mi portò a Hubbard Heights, il percorso più male in arnese dei due pubblici di Winnetka.

A Hubbard Heights il primo tee è posizionato a fianco di un grande bar-ristorante italiano che gli operai del luogo avevano trasformato nel loro country club, a suo modo esclusivo come l'Augusta National, e quel pomeriggio l'ampia terrazza in cemento gremita da una chiassosa folla di idraulici e falegnami improvvisamente si zittì quando mi apprestai a eseguire il mio primo vero tiro. Feci un rapido respiro e calai correttamente il mio driver accorciato lanciando la palla a centoquaranta metri sul fairway sassoso e suscitando urla e fischi d'apprezzamento dal pubblico, nonché un caloroso «Penso che sei pronto» dal nonno.

La positiva influenza del nonno poteva tornarmi utile ancora, immagino, perché nel primo tiro ufficiale a Pebble Beach, tutto quello che riuscii a fare fu un fiacco push con il quale raggiunsi il primo tratto di rough, a centottanta metri dal green. Ma il tiro mi entusiasmò esattamente come quel primo drive a Hubbard Heights.

I miei partner di gioco i primi due giorni erano Jim Colbert e il sudafricano Simon Hobday. Colbert, che non era mai stato escluso dai primi cinque posti della classifica del Senior Tour, è un ex giocatore di football coi capelli a spazzola e la mascella granitica, il cui comportamento in gara si colloca a metà strada tra il freddo e l'apertamente irritato. Hobday, che calza un enorme cappello nero alla Crocodile Dundee, ed esibisce baffi alla Yosemite Sam, è caloroso ed estroverso. Ma entrambi giocano alla grande un golf macho.

«Guarda quei due sudisti come camminano tronfi sul fairway», disse Earl, «credono di avere le palle d'ottone.» Lo so che non è colpa di Colbert e di Hobday se sono venuti al mondo grossi, muscolosi e saltellanti, ma visto che con i miei uno e novanta di altezza non ho mai pesato più di settanta chili, mi sono sempre battuto al massimo contro i pezzi grossi. Come aveva suggerito Earl, mi misi al lavoro.

L'Open è uno dei solo quattro eventi senior che prevedono un'eliminazione a metà gara, cosicché la pressione è alta fin dalla prima buca. All'inizio della settimana, il mio unico obiettivo era di giocare tutti e quattro i giorni. «Basteranno i par», continuava a ricordarmi Earl, e sebbene fossi scombussolato, continuai a darci dentro.

Tutte le ore dedicate ad affinare il mio gioco corto cominciavano a ripagarmi. Mancai dieci green, ma mi diedi da fare su otto. Il compensare due bogey con un birdie mi valse un 73, uno sopra il par. Uno meglio di Colbert, uno peggio di Hobday e giusto a metà del tabellone.

La buona notizia del primo giorno riguardò il mio putting. Vedevo di nuovo la linea e questo mi aiutò a imbucare una manciata di difficili due metri per salvare il par.

Dopo il giro, andai al campo pratica e cercai di raddrizzare la mia palla dal tee, i cui voli senza guida mi avevano portato in alcune delle parti meno panoramiche del campo di golf più panoramico d'America.

«Non riesco a credere che della gente abbia veramente voglia di guardarmi colpire palle», dissi a Earl mentre una gran folla si radunava alle mie spalle.

«Non ti preoccupare, non sono qui per te», m'informò rapidamente Earl.

Guardai sopra la spalla di Earl e scorsi Herman, l'enorme caddie di Lee Trevino, mettersi al lavoro lì accanto, e poi il messicano in persona, con il suo grande sorriso che rompeva il viso abbronzato e coriaceo in lunghe linee diritte.

«Come le colpisci, Travis?» mi domandò Trevino.

«Non troppo male, Mr. Trevino», risposi io.

«Piantala con le sciocchezze, McKinley», disse Trevino con un risolino. «Se è così dannatamente deferente», continuò rivolgendosi alla folla, «perché cerca di togliere di bocca il cibo ai miei figli?»

Nel frattempo il sole stava tramontando e il campo si riempiva di una calda luce dorata. Sebbene fossi preoccupato perché non riuscivo a colpire la palla diritta, perché non sapevo se l'indomani avrei visto ancora la linea e se avrei visto ancora Sarah, fui improvvisamente invaso da una sensazione di benessere che non provavo da quand'ero bambino.

Per dirla semplicemente, ero felice. Completamente.

A tirare palle alla mia sinistra c'era Hiroshi Ishi, un giocatore giapponese veramente in gamba, proveniente da un piccolo villaggio di pescatori fuori Tokyo e che sapeva appena qualche parola d'inglese. Alla mia destra c'era il leggendario Trevino, che ha vinto sette tornei di primaria importanza e incalcolabili milioni di dollari.

Ma in quello stupendo tardo pomeriggio le nostre grandi differenze sembravano non contare. Facevamo tutti esattamente quello che volevamo fare, proprio nel posto dove desideravamo stare. Eravamo giocatori di golf professionisti e ne andavamo immensamente fieri.

CAPITOLO 31

IL DANNATO Senior Open di Pebble Beach.

Il venerdì fu una versione leggermente più tesa e nervosa del giovedì. Una specie di camera d'aria con dentro un paio d'atmosfere in più. Imbucai alcuni altri green, eseguii un paio di putt in più e totalizzai 71, uno sotto il par. Questo mi collocava per il week-end sei punti dietro il primo in classifica, Bob Eastwood. Non stavo dando il massimo, né avevo realizzato alcunché di miracoloso, ma ero sopravvissuto all'eliminazione.

Fu di sabato, in un'altra perfetta mattina californiana, che feci la mia mossa.

Le stranezze cominciarono alla buca 2, par 4, quando arrivai sul tee un po' troppo agitato e sparai uno hook col driver nell'alto, intricato rough dell'U.S. Open.

Tre vacillanti tiri dopo, osservavo un anfiteatro di venti metri con più pendenze e avvallamenti tra me e la buca di quanti ce ne fossero tra me e Sarah, e mentre mi posizionavo sulla palla, speravo solo di imbucare in due putt e di conservare la mia sanità mentale. Calcolando circa cinque metri di rotolamento, colpii la palla e dopo quelli che mi sembrarono dieci minuti di volo, questa scivolò sulla parte posteriore della buca, come un cane che aveva trovato la strada di casa. «Ecco quello che si chiama un cinque di classe mondiale», commentò Earl.

Con la catastrofe alle spalle, il mio gioco girò come sui cardini. Da quel punto in poi, mi sentii così incredibilmente sereno e tranquillo dentro di me, come se fossi sonnambulo, o se fossi uscito dal mio corpo. Oppure qualcuno mi aveva corretto il Gatorade con del Prozac.

Non feci altri brutti swing per tutto il giorno. Non ebbi altri pensieri negativi. Ero su ogni fairway, su ogni tee, e colpivo così deciso i miei ferri che potevo puntare al birdie in ogni buca.

Grazie alla evidente linea bianca che mi indicava la via, ne ottenni nove, cinque sul bordo anteriore, quattro su quello posteriore, per un totale di 64, otto sotto il par.

Jim Colbert mi passò accanto vicino al tavolo del comitato di gara e non disse nulla.

E così, quella sera, mentre Earl e io sedevamo tranquilli nella mia stanza d'albergo, io a sorseggiare una birra e a tentare di rileggere la rivista di una compagnia aerea vecchia di due mesi ed Earl a fumare uno dei suoi amati cubani e a studiare il *Wall Street Journal*, ero il primo in classifica dell'U.S. Senior Open.

Ex aequo al secondo posto, due punti sotto, c'erano due tizi di cui forse avete sentito parlare: Raymond Floyd e Jack Nicklaus.

CAPITOLO 32

EARL e io passammo la sera del sabato cercando di non perdere la testa. Non potevamo guardare la televisione perché ero su tutti i canali, e non era facile fare qualsiasi altra cosa, perché il telefono non smetteva un istante di squillare.

Prima chiamò la ABC, poi la CBS e la NBC. Poi fu la volta della CNN, dell'ESPN e di Golf Network. Ricevetti persino una telefonata da Radio Free Europe, ma quella che aspettavo, di Sarah e dei ragazzi, non arrivava mai e ogni volta che chiamavo io ne ricavavo solo la gelida risposta della segreteria telefonica.

Sul fronte delle interviste, ripetei praticamente in tutte lo stesso messaggio. «Non sono pazzo, ancora», dicevo. «So che non c'è motivo di aspettarsi che riesca a tenere a bada due dei migliori golfisti che abbiano mai giocato su uno dei percorsi di golf più difficili del mondo nel giro finale. Non voglio imbarazzare me stesso davanti a quindici milioni di persone.»

Dopo circa sei di queste pesanti stoccate, Earl non ne poté più. «Spero che tu non creda veramente a tutte queste pudiche stronzate politicamente corrette destinate al consumo di massa», disse. «Oggi hai realizzato un 64, e ora vuoi arrenderti?»

Earl finalmente staccò l'audio ed era sul punto di lasciarmi alla mia crisi d'ansia quando sentimmo bussare piano alla porta.

«E adesso chi diavolo è?» si domandò Earl sbuffando. «Il Presidente?»

In realtà, era Lee Trevino, tutto in ghingheri e un po' strano in giacca e cravatta, apparentemente di ritorno da una manifestazione ufficiale.

«Mr. McKinley, non so se si ricorda di me», disse Trevino, «ma facevo pratica accanto a lei sul campo l'altro giorno.»

«Me lo merito», ammisi io.

«Non posso fermarmi, e so che non dormirete sonni tranquilli», continuò Trevino, «ma volevo solo augurarvi buona fortuna per domani. Ricorda che c'è un motivo per cui sei in testa a questa gara di due punti, e non è la fortuna. Hai lavorato sodo sul tuo gioco come tutti noi.»

«Grazie molte», dissi io, «a prescindere da come finirà.»

«E un'altra maledetta cosa», aggiunse Trevino.

«Sì?»

«Chiamami Lee.»

CAPITOLO 33

VENTUN luglio.

Domenica pomeriggio presto, circa venti minuti alle due.

Pebble Beach.

Gli ultimi tre giocatori dell'U.S. Senior Open.

Raymond Floyd. Jack Nicklaus. E il cordialmente vostro Travis McKinley.

Questa è quasi la realtà dei fatti.

O dovrei dire l'irrealtà.

Brent Musberger e Jim Nantz erano nella torre. Il dirigibile della Kodak volteggiava pigramente sopra le nostre teste e se non mi sbaglio l'uomo piegato sulle funi tese attorno al primo tee, con indosso un kilt scozzese, un berretto con pompon e una maglietta con la scritta «Travis Rules» era Bill Murray.

E in minacciosa attesa, come un videoangelo della morte a circa mezza strada sul lato del primo fairway, c'era Bob Rosburg, l'ex campione PGA, che ci avrebbe ripreso per tutte le diciotto buche.

Per coloro i quali non sciupano grandi quantità del loro tempo libero nel golf televisivo, Rosburg, chiamato «Rosi» dai suoi colleghi in cabina, è famoso per caricare di drammaticità anche la conclusione più noiosa, sussurrando in tono afflitto «Oh, è appena *morto*!» a ogni colpo che rotola anche leggermente fuori strada.

Stavo giusto facendo qualche ultimo esausto swing di allenamento tentando di non iperventilare quando Earl sbuffò ed esclamò: «Oh, cavolo!»

Mi voltai e vidi la causa di quella reazione. Schierata all'altezza delle funi, volata fin lì da Chicago quella mattina, c'era l'intera popolazione sopravvissuta di Winnetka McKinley, dal nonno a Sarah, a Elizabeth, a Simon e a Noah. Era una vista talmente gradita che per un attimo la scambiai per un miraggio.

«L'idea è stata sua», spiegò Elizabeth prendendo in braccio un vergognoso Noah. «Ha minacciato di cominciare lo sciopero della fame se non venivamo.»

Erano arrivati poco prima dell'inizio della competizione, tanto che ebbi appena il tempo di baciare e abbracciare i miei discendenti prima che dei nervosi funzionari chiamassero il mio nome e m'invitassero a prendere posizione sul tee.

«Non è grandioso?» domandai a Earl mentre tornavamo al centro della piazzola.

«Meraviglioso», commentò Earl con disgusto passandomi un driver. «Qual è il problema, al tuo cane non piace volare? Dico solo una parola e poi cominciamo. Questa non è una riunione famigliare. Questo è il dannato giro finale dell'U.S. Open.»

Giusto per far sapere a Earl che avevo la situazione sotto controllo, mi apprestai a tirare – come vincitore della sera precedente avevo l'onore di farlo per primo – e, come se fossi tutto solo sul campo pratica, sparai il mio primo drive nel centro del fairway.

«Sei tu il boss!» strillò Murray mentre la palla schizzava via dalla faccia del driver. «E non ce ne sono più molti così.»

CAPITOLO 34

LE SUCCESSIVE tre ore circa furono le più esilaranti della mia vita. Ma furono anche le più estenuanti e le più strazianti.

Per diciotto buche, non riuscii a fare un respiro rilassato. Non mi apprestai a fare un solo tiro senza temere uno shank o d'incontrare uno spunzone tirando indietro il putter. Non era da me gareggiare nella finale con due dei maggiori golfisti al mondo e tutti noi lo sapevamo.

C'ero dentro fino al collo, al punto che avrei dovuto usare un periscopio per orizzontarmi.

Per impedire che fossi completamente sopraffatto dall'ambiente circostante e dagli avversari, Earl aveva deciso la sera prima, dopo una rapida stretta di mano sul primo tee, che non avrei stabilito un contatto visivo e nemmeno parlato né con Nicklaus né con Floyd per il resto del giro. «Non siamo qui per gustarci l'esperienza, altrimenti tra una trentina d'anni potrai metterti i tuoi pronipoti sulle tue ginocchia artritiche e raccontargli che una domenica ti sei trovato testa a testa con Orso Dorato e il Grande Raymondo. Siamo qui per vincere. Proprio come loro.»

Quello che vuoi, Earl. Ed Earl aveva ragione nel sostenere che loro cercavano d'intimidirmi. Infatti, sul primo tee, Floyd, alludendo malignamente al mio piovoso trionfo, si voltò e mi disse: «Non credo che oggi pioverà, Travis. Nemmeno una nuvola in cielo».

«Meglio così», rispose Earl per me, «perché non ho messo in valigia l'impermeabile.»

Il mio problema più grosso era anche il più vecchio: il putt.

Sottoposto a quella pressione estrema, la mia capacità di leggere la linea andava e veniva una buca sì e una no. In alcune scorgevo la linea con stupefacente chiarezza. In altre il green sembrava *liquefarsi* ai miei piedi. In alcune buche, facevo rotolare la palla come Crenshaw, imbucando putt dal fondogreen. In altre, puttavo come un handicap 14 indeciso davanti a un tiro di un metro e mezzo che decide a chi tocca pagare gli hot dog.

Ironicamente, l'esito di tutto questa agitazione era pressappoco lo stesso di una costante sequenza di par. Un inatteso beneficio era dato dal fatto che le mie personali montagne russe emotive distraevano Nicklaus e Floyd.

Avrei potuto vomitare a buche alterne, ma rifiutai di mollare. E mentre me ne stavo sul tee della 17, avevo, come Musberger comunicò agli spettatori col drammatico sussurro di scena riservato a simili occasioni (ho visto la registrazione della telecronaca due, tre volte), «ancora ottime probabilità».

Ero uno sopra il par per la giornata, cinque sotto il par per il torneo e *un punto dietro* Nicklaus e Floyd, primi alla pari.

Se a qualcuno interessa, ecco il mio score relativo alle prime sedici buche:

PAR	4	4	3	4	5	4	3	5	4	36	4	4	5	4	3	4	4	3	5	36
Nicklaus	4	4	2	4	5	4	4	4	5	36	4	3	4	4	4	4	4			
McKinley	5	3	5	3	3	6	3	5	4	38	3	5	5	4	3	4	4			
Floyd	4	3	3	4	4	5	3	4	5	35	5	4	5	4	3	4	4			

CAPITOLO 35

AH, DOLCE 17. Forse non avreste mai pensato che ci arrivassimo. Io avevo i miei dubbi.

La 17 a Pebble Beach è un par 3 di 210 metri che corre perpendicolare alla costa, con il green rannicchiato sul Pacifico e incorniciato da un cipresso vecchio e solitario come l'albero di Giosuè.

Il green, oltre a essere estremamente piccolo e in forte pendio, ha una buca costantemente battuta dai forti venti oceanici. A seconda della direzione da cui spira il vento, la buca può richiedere qualsiasi bastone, dal ferro 7 a un driver.

Domenica, Jack e Raymond tirarono fuori i ferri 2 e colpirono la palla in maniera così pulita da ottenere l'alta traiettoria parabolica dei ferri 5 prima che atterrassero dolcemente sul lontano green.

In queste circostanze, usare un ferro 2 sarebbe stato eccessivo per il mio sangue freddo, perciò ripiegai su un tiro alto e morbido col legno 3. Vidi la palla filare via, soffermarsi sul Pacifico e poi cadere pigramente dal cielo, toccando terra, come Sam Snead era solito dire, « come una farfalla col mal di piedi ».

La palla si annidò a due metri e mezzo dalla buca. La folla attorno al green fischiò e applaudì.

Dopo che Raymond e Jack ebbero misericordiosamente mancato i loro birdie e raccolto i loro automatici par, mi preparai a fare un putt per pareggiare.

Per un istante, mentre mi accovacciavo dietro la buca e guardavo con sospetto la mia palla, ebbi la sensazione sconvolgente di *non sapere esattamente dove mi trovavo.*

Ero a Pebble Beach nel giro finale dell'U.S. Senior Open o ero ritornato là dove avevo cominciato sei mesi prima, su un altro diciassettesimo green, a studiare un putt di due metri e mezzo che mi avrebbe cambiato la vita?

I due putt avevano persino la stessa pendenza – da destra a sinistra – e la medesima velocità – erano rapidi – e ancora una volta riuscivo a vedere la linea chiaramente come se l'avessi segnata con il gesso di un falegname.

Ma una differenza c'era. Questa volta, in piedi sul lato più lontano del green, sull'esatta traiettoria del mio putt, vedevo Sarah che con i capelli castano scuro e gli occhi lucenti mi sembrava bella, determinata e stimolante come il giorno in cui ci eravamo conosciuti. Sulla base di quanto feci poi – me ne rendo conto ora – probabilmente non vedevo affatto la linea del mio putt, ma solo quella del mio cuore.

«Travis», sentii Earl sussurrare nervosamente dietro di me, «ti senti bene?»

Bene? ripetei tra me e me, *certo che non mi sento bene.*

Tornai lentamente dall'altra parte della buca, ma anziché fermarmi all'altezza della palla, continuai a camminare fino a uscire dal green e ad arrivare accanto a Sarah, in prima fila tra gli spettatori mormoranti.

A quel punto, Sarah, insieme a circa quindici milioni di altre persone, compresi i commentatori televisivi Musberger, Nantz e Rosburg, mio nonno, i miei partner di gioco, i miei figli e soprattutto Earl, conclude che alla fine mi ero fritto il cervello e che avevo perso per sempre il lume della ragione.

In un certo senso, avevano ragione. La testa l'avevo persa.

Ma non quel pomeriggio. L'avevo persa trentun anni prima in una mattina di primavera alla University of Chicago, quando vidi Sarah appartarsi prima di una lezione di biologia. La persi nuovamente quando la vidi mettersi in ordine i capelli guardandosi nello specchietto qualche minuto prima che ci sposassimo nel giardino dei suoi genitori in una perfetta giornata di giugno. E la persi ancora senza speranza di recuperarla quando in ospedale la vidi tenere in braccio Elizabeth il mattino dopo che era nata.

In un modo o in un altro, penso di averla persa tutte le volte che l'ho guardata o le ho parlato e l'unica cosa che posso farci è continuare a essere perso di lei fino al gelido mattino d'inverno quando chiuderò gli occhi e sentirò battere il cuore per l'ultima volta.

«Sarah», sussurrai, «questo l'ho comprato la settimana che sono tornato a Winnetka e temo che se me lo porto in giro un altro secondo succederà qualcosa di brutto al mio cuore.»

Le porsi un anello di diamante, come quello che lei aveva perso durante la nostra luna di miele.

In realtà, era leggermente più bello. D'accordo, molto più bello.

La settimana prima, dopo avere lasciato Winnetka, non avevo raggiunto direttamente l'aeroporto. Prima mi ero fermato da Harry Winston's, il gioielliere più pretenzioso e costoso di Chicago, e per qualche motivo che non sono in grado di spiegare logicamente, ho continuato a chiedere al commesso di mostrarmi qualcosa di un pochino più grosso, più plateale e più luminoso, finché lui non mi aveva proposto l'anello che avevo appena dato a Sarah.

Come avrete sospettato, dimensione, platealità e luminosità non sono caratteristiche che danno gratis da Harry. Di fatto, ci caricano sopra un certo sovrapprezzo. Comunque, per fortuna, riesci ancora ad avere una pietra e una montatura piuttosto belle per centotrentacinquemila dollari.

Non è un errore di stampa. Avevo speso l'intero premio del Bell South per l'anello. Voglio dire, al diavolo. Era stata una vittoria per pioggia. Non me la meritavo.

Ma Sarah sì.

Mentre me ne stavo lì, sul bordo esterno del green della 17, tremavo leggermente. Guardai Sarah negli occhi e rischiai di perdermi.

«Ti amo, Sarah», confessai, e con mio incessante stupore, con felicità e con infinito sollievo, lei lasciò che le infilassi delicatamente l'anello al dito.

«Non dovrei, Travis, ma ti amo anch'io», mormorò lei. «E, per inciso, questo lo restituisci appena finita la gara.»

«Nemmeno per sogno», replicai io baciandola, per poi tornare lentamente alla mia palla.

Penserete che questa interruzione mi abbia distratto, ma fu il contrario. Non ero mai stato tanto concentrato in vita mia. Senza dare un'altra occhiata alla traiettoria e senza tirare un altro colpo di prova, calai il putter dietro la pallina. Allineai i piedi.

Poi sferrai il colpo.

Non guardai nemmeno cosa succedeva. Non ne avevo bisogno. Ero innamorato pazzo, e ricambiato. Nell'istante in cui tirai, seppi che era un centro secco, e che ero al terzo posto dell'U.S. Senior Open, ex aequo con Jack Nicklaus e Raymond Floyd. Mentre il pubblico esplodeva e correva all'ultimo tee, Earl mi diede una pacca sulla spalla e disse: «Travis, amico mio, è davvero una gran cosa che tu abbia imbucato quel putt. Perché se non l'avessi fatto, ora saresti tu a portare la sacca».

Sbirciai dietro di me e scorsi Sarah e i ragazzi saltellare su e giù inventando il ballo dei McKinley.

Grazie a Dio, mi dissi.

Dunque, non è un sogno.

Loro sono veramente qui.

E ci sono anch'io.

CAPITOLO 36

NON posso negare di avere provato un certo fervore mentre andavo alla 18. Ma mi sentivo anche come se mi stessero portando in barella al pronto soccorso di una città sconosciuta alle tre del mattino.

Il corpo era insensibile e il cervello una bolla di calore.

La schiena sembrava uno dei voluminosi quadrupli nodi nei lacci delle scarpe di Noah.

Lo stomaco era un disastro.

Avevo una visione tubolare, sudavo freddo e cominciavo a vedere cose che speravo non fossero vere – come la mia insegnante di scienze di quinta, che prendeva il sole nuda sul lato sinistro del fairway.

Nessuno di questi disturbi era alleviato dal fatto che la 18, par 5, di Pebble Beach, con il Pacifico che costeggia l'intero lato sinistro, è la buca finale più spaventosa del golf. Manda la palla fuori dal tee, tiro in cui sono particolarmente abile, e l'unica cosa che può salvarti è la Guardia Costiera.

Per ragioni che non capirò mai, eseguii un drive perfetto, come fecero i miei colleghi, e poiché nessuno di noi poteva arrivare al green con due colpi, tutto quello che volevo fare con il mio secondo tiro era fare avanzare la palla sul lato destro con un piacevole, piccolo ferro 5. Nessun problema.

Quando cominciai il mio backswing, pensai: *liscio e deciso.*

Poi pensai: *mandala dove vuoi, ma non a sinistra.*

Poi il nonno urlò (nella mia testa, spero): *pensa solo a una cosa: lo swing!* Che sfortunatamente era il mio terzo pensiero sullo swing.

Il risultato di questa complessa riflessione fu un disastroso shank che fece disperdere gli spettatori e si concluse in un fitto boschetto di pini sul lato destro del fairway ad almeno duecentocinquanta metri dal green.

Avevo voglia di scavarmi da solo la fossa e di seppellirmici.

Invece guardai Simon e mi accorsi che la prendeva peggio di me.

Idem per Elizabeth e per il nonno.

Ma poi incrociai lo sguardo di Noah, che trasmetteva una della sue alzate di spalla tipo «oh, be', e adesso cosa fai?»

E come al solito, il piccolo aveva ragione. Qualunque cosa fosse, stava per succedere e poi era solo un gioco. La 18 era importante, ma non così tanto.

Diritta proprio alle sue spalle, Sarah alzò il suo nuovo anello e sillabò: «È stupendo!»

Mi diressi verso gli alberi per scovare la mia dannata palla.

CAPITOLO 37

CAPII che non sarebbe stato facile quando scorsi Rosi chinarsi con circospezione sulla mia palla come se fosse stato un pezzo di cacca radioattiva, scuotendo la testa e sussurrando nel microfono in toni pacati e funerei. Comunque, appena Earl e io fummo abbastanza vicini per renderci conto di persona del danno, seppi che non ero spacciato. Ero fottuto.

C'è una differenza.

Nonostante un boschetto di robusti pini affondasse le radici tra la mia palla e il fairway, tra il terzo e il quarto albero spiccava un piccolo varco, non più grande di un metro, e se riuscivo in qualche modo a eseguire un tiro basso e forte passandoci in mezzo, potevo non solo tornare sul fairway ma anche raggiungere il green.

Dire che era improbabile che potessi centrare con un drive un'apertura grande quanto un finestrino è un eufemismo. Ma con Jack e Raymond piazzati proprio nel centro del fairway a meno di un centinaio di metri dalla bandiera, un chip obliquo sarebbe equivalso ad arrendersi comunque.

Pensai che almeno avrei potuto spaventare qualche albero, prima.

Ora, lo so di avere già esaurito la mia quota di miracoli in questo racconto, forse ho usato anche un paio dei vostri. Pertanto non catalogherò quanto avvenne poi come un altro caso d'intervento divino. Limitiamoci a definirlo il tiro migliore nella storia del golf e piantiamola lì.

Con il pubblico che si voltava curioso, mosso da morboso piacere, tirai indietro il mio driver e colpii la palla come se avessi in mano una mazza per misurare quanta forza hai in una fiera paesana. Quando non udii che respiri affannosi, seppi che il proiettile stava filando verso il green.

In effetti, rimasi un po' deluso quando, corso nuovamente nel fairway, scoprii che la palla aveva smesso di rotolare un paio di metri corta, su un piccolo poggio.

Raymond Floyd tirò dopo di me e con un movimento del polso descrisse un'alta parabola sopra la bandiera. La palla finì a meno di due metri dalla buca.

L'approccio di Jack fu anche migliore, talmente migliore che quando la palla ricadde dal cielo il mio cuore si tuffò con lei. Mi voltai verso Earl e dissi: «Stiamo per perdere per una schiacciata».

«No, non è così», replicò lui senza staccare gli occhi dalla palla.

Un istante dopo, la palla colpì la buca o la bandiera, o il punto di contatto tra buca e bandiera, e con tale precisione che la pallina rimbalzò almeno dieci metri lontano sul green.

«Figlio d'una buona donna d'un tiro troppo preciso!» commentò Earl in tono elogiativo.

CAPITOLO 38

Spero che tutti voi, almeno una volta nella vita, abbiate l'occasione di camminare sul fairway della 18 di Pebble Beach con Jack Nicklaus e Raymond Floyd, in un perfetto pomeriggio di luglio, alla pari nel giro finale dell'U.S. Senior Open.

Ci si diverte un sacco.

Quando raggiungemmo il green, tutti gli spettatori venuti ad assistere si erano radunati sul pendio tra la buca e la club-house, e non capivano più niente. Times Square nel giorno della vittoria in Europa o Woodstock quando smise di piovere devono essere sembrati così. Preso dall'eccitazione, posso essermi addirittura tolto il berretto.

L'unica persona che non si deliziava di questa estatica suspense era Jack Nicklaus, che aveva già tirato tre colpi perfetti e si era allontanato. Dopo il rimbalzo su asta e buca, la palla di Nicklaus era rotolata a più di dieci metri dalla base del green, e ora Jack, con addosso un maglione di cachemire giallo e pantaloni azzurro polvere, stava girando attorno al suo difficoltoso putt in doppia pendenza, scrutandolo da ogni angolo tranne che da sotto terra, con il viso incupito per la concentrazione.

Sembrava veramente un orso, un orso molto incavolato, che aveva appena sorpreso qualcuno tentare di rubargli il suo barattolo di miele. Mentre Nicklaus si muoveva furtivamente, la folla si acquietò sempre più e quando finalmente si fece avanti e lanciò la palla fermamente verso la buca, la tensione collettiva di ventimila muti e immobili appassionati di golf, che morivano dalla voglia di lasciarsi andare, era quasi intollerabile.

Per la seconda volta di fila, Nicklaus diresse la palla diritta e centrata, e questa volta, quando mi voltai disperato verso Earl, lui non si diede la pena di contraddirmi.

Come tutti noi, si chinò in avanti a fissare la palla che rotolava inesorabilmente verso la buca. Con la raggelante chiarezza di uno sgradito flashback, rividi nella mente l'immortale accoccolarsi e caricare di Nicklaus al Master dell'86, quando aveva imbucato quel magistrale putt alla 15 ed era corso fuori dal green, con il putter scintillante sopra la testa nella luce morente del pomeriggio, come la spada di un soldato di cavalleria.

La palla filò velocemente verso la buca, centro secco fin dall'inizio. Mi feci coraggio per un altro sprint di Nicklaus nella storia, rammentando in quel deprimente istante il fatto spesso dimenticato che, oltre a essere un prodigio del golf, il giovane Jack era stato campione scolastico dell'Ohio nei cento metri piani.

Non avevo nessun diritto di rammaricarmi. Era stata una grande gara. Più che grande. Ma ora era finita. Ormai stava per essere detta l'ultima parola. Jack si accovacciò. Era dentro!

Finché la pallina non si fermò sul bordo, corta di mezzo giro.

La folla tornò a respirare.

E così io.

Jack imbucò con un putt cortissimo per il par.

CAPITOLO 39

LA MIA Titleist 3, l'unica sopravvissuta tra quelle che nonno aveva lasciato cadere sull'erba la settimana precedente a Winnetka, scintillava sul pendio a un metro e mezzo dal green, a sette metri e mezzo dalla buca, con il green che digradava ripido lontano da me.

Era il genere di chip che non vorresti fare se sei costretto a fare il par. Ma per un golfista sull'orlo di un collasso nervoso, e che ha bisogno di un birdie, era un chip con qualche possibilità. Almeno, era fisicamente impossibile tirare la palla corta.

Sconvolto – e non è un modo di dire – abbassai la presa sul grip di un ferro 9, posizionai la lama dietro la palla, e sferrai il più leggero dei colpi. Osservai la pallina superare appena il rough e rimbalzare dolcemente sul green. La vidi acquisire costantemente sempre più velocità. Poi *tuffarsi* come Bugs Bunny nella buca. *Almeno, questo è quello che credo di avere visto.*

Tutto sembrava andare al contrario di come doveva andare. Ventimila persone balzarono verso il cielo mentre io caddi in ginocchio, ed Earl mi imitò per stringermi in un abbraccio che, giuro, sento ancora. Per alcuni minuti, il mondo non fu altro che rumore.

145

Finalmente il ruggito cominciò ad affievolirsi, io mi alzai e andai alla buca per raccogliere la mia palla. Ma prima di recuperarla, feci una cosa che non avevo mai fatto in diciotto buche.

Guardai diritto negli occhi Raymond.

E gli strizzai l'occhio.

Ora, una cosa è dover imbucare da due metri nell'ultima buca dell'U.S. Senior Open per forzare un play-off con Jack Nicklaus, il detentore di venticinque titoli nonché il più grande campione che abbia mai calcato un campo di golf. Tutt'altra cosa è dover imbucare da due metri per evitare una sconfitta a Travis McKinley, uno sconosciuto esordiente che non aveva mai vinto un solo vero evento convalidato in vita sua, e che sei mesi prima si spremeva le meningi per ideare brutti jingle pubblicitari. Mentre si apprestava a eseguire il suo putt, Floyd doveva sopportare più pressione di quanta fosse mai stato chiesto di gestire a qualunque altra psiche competitiva.

Ma se Raymond era sulle spine, di fatto non lo dimostrava né a me né a nessun altro. Come avevo già visto molte volte in TV, raggiunse la palla con piccoli passi veloci e autoritari, agitò il sedere per trovare una posizione comoda e, sporgendo leggermente le labbra, spostò lo sguardo attento dalla palla alla buca, come se fosse indeciso su quale delle due fosse la più fastidiosa.

Aveva un'aria composta, concentrata e assolutamente imperturbabile. Sembrava un killer che pensava a come onorare il suo contratto. Poi tirò quel due metri talmente sulla sinistra da *mancare la buca di venti centimetri.*

Improvvisamente, mi trovai Sarah, Simon ed Eliza-

146

beth tra le braccia. Ballai col nonno, poi con Earl e poi penso che Earl ci abbia abbracciati tutti insieme. Strinsi la mano a Raymond Floyd e a Jack Nicklaus, poi riconsegnai la pallina della vittoria a mio nonno. «Grazie per il prestito», urlai per sovrastare il clamore. «Adesso questa non farla finire in un lago.»

«Non ti preoccupare», mi rassicurò lui con occhi ancor più brillanti del solito, «la userò solo per il chip.»

E da qualche parte nel seminterrato della club-house del Pebble Beach, un solitario orefice cominciò a incidere T. MCKINLEY sopra una grossissima coppa d'argento.

EPILOGO

AVVENIMENTI DEL DOPO-MIRACOLO

DUE mesi dopo.

Due del mattino.

Un sogno mi sveglia da un sonno profondo, e mi tiro su a sedere in un ampio letto di quercia dove, stranamente, mi sento completamente a mio agio per la prima volta.

Mentre gli occhi si abituano alla luce lunare, scandaglio la stanza che mi è familiare e al contempo brillantemente nuova. Su un lato c'è una vecchia cassapanca di legno ereditata dal mio bisnonno. Sulla destra c'è il mobile con specchio che Sarah ha ricevuto da sua nonna, con dei fiori intarsiati sulle porte, e con sopra un grosso vassoio laccato pieno di pettini in tartaruga e con un paio di antichi braccialetti russi d'argento, che lei porta da più di vent'anni.

Sebbene fossi stato via circa sei mesi, non ho problemi a immaginare cosa deve avere provato Ulisse nel tornare finalmente a casa dalla sua Penelope dopo dieci anni di viaggi.

Attento a non svegliare Sarah, sdraiata sul fianco rivolta verso di me, con l'ombra di un sorriso che le piega gli angoli della piccola bocca, scivolo giù dal letto e vago nella mia vecchia casa, una casa costruita da mio nonno con l'aiuto di un solo operaio, l'anno in cui sono nato.

Anche se non vive a casa da circa sei anni, vado per prima nella camera di Elizabeth. Con i manifesti sbiaditi delle rockstar ancora attaccati sul muro e tutti i peluche, sembra una sorta di navicella del tempo dell'adolescenza, bloccatasi intorno al 1984. Coscienziosa, irreprensibile Elizabeth che in ventisette anni non ci ha mai dato pensieri. Ma è stata mai davvero adolescente, o è passata direttamente dall'infanzia alla radiologia? Mi rendo conto di sapere meno di lei di quanto so dei miei altri figli. Domattina le telefonerò e fisserò un viaggio a New Haven per cercare di porci rimedio.

Poi sbircio in camera di Simon e lo vedo pacificamente allungato, lui e i suoi tre orecchini, con il suo metro e ottanta e passa che sporge dal letto singolo. Non puoi amare uno dei tuoi figli più degli altri, e giuro su Dio che non è questo il mio caso. Ma, nel bene e nel male, Simon è me, e il mio cuore si sente così unito al suo che non deve nemmeno uscirmi dal petto per raggiungerlo. È già lì.

Sdraiato lì a fianco, come un fedele bambolotto, o meglio, come un fedele guardiano da non sottovalutare, con il testone di capelli castani appoggiato contro la schiena di Simon, c'è il nostro grande uomo Noah, che forse in preda all'agitazione era andato nella camera del fratello nel bel mezzo della notte. Noah, il terzo e ultimo membro di questa piccola generazione di McKinley. Il bimbo del miracolo, il cui stesso arrivo fu una sorpresa e che da allora continua a stupirci in un modo o in un altro. Ma di nuovo, *come ha detto Lee*, adesso lo chiamo Lee anche nella mia mente, siamo tutti miracoli quaggiù, anche l'ultimo di noi.

Sollevo cautamente Noah e lo trasporto nel suo letto, in camera sua oltre il corridoio. Poi prendo una sedia in soggiorno e mi siedo tranquillo nella debole luce, a gustarmi tutto.

Sarah. Elizabeth. Simon. Noah. Sarah. Elizabeth. Simon. Noah.

Rimango seduto lì finché non scorgo il mio sorridente riflesso su una grande coppa d'argento appoggiata sulla mensola del caminetto, poi me ne torno a letto.

Se non sono io l'uomo più felice al mondo, Dio benedica chiunque lo sia.

Un'ultima cosa.

Il mattino del Natale seguente andai di nuovo a giocare a golf.

Non l'avevo progettato, ma quando quella mattina uscii di casa per raccogliere il *Tribune*, e vidi che anche solo alle otto la temperatura era già elevata, mi parve la cosa giusta da fare, se non altro per dimostrare la mia gratitudine per l'intera catena di eventi che il giro dell'anno precedente aveva innescato.

Ancora una volta Natale coglieva l'inverno di Chicago addormentato – la colonnina di mercurio continuò a salire per tutta la mattina – e quando arrivai con la mia Beemer rosso borgogna al Creekview Country Club poco dopo l'una – la temperatura era di un balsamico grado sopra lo zero. Per un po' rimasi in piedi accanto all'auto nel parcheggio vuoto, stiracchiandomi e pensando in quella luce esagerata. Mi pareva di essere una foca che prendeva il sole sulla banchisa.

Alla fine mi diressi al tee della 17 e, mentre mi chinavo per infilare il tee nelle dure zolle, fui sommerso da un'ondata di déjà vu talmente forte da farmi vacillare.

Quando cominciai a giocare, si fece solo più intensa.

Il mio primo drive lo scorso anno non era andato a fermarsi accanto allo stesso pozzetto d'irrigazione? Il mio ferro 7 non aveva colpito quel punto esatto sul green? Non avevo già visto prima da qualche parte quel macilento scoiattolo rosso?

Ancora una volta, presi posizione per un eagle da due metri e mezzo sul green della 17. Ancora una volta vidi la linea chiaramente come se fosse tracciata a matita sull'erba rasata. Ancora una volta piazzai un centro secco facendo rimbalzare la palla contro il bordo posteriore della buca.

E, ancora una volta, giocai o rigiocai, comunque vogliate metterla, il giro della mia vita. Semmai, questa volta giocai leggermente meglio perché dopo un anno di tour e molto aiuto da parte di Earl, non ero così nervoso per essere qualche colpo sotto il par.

Ma questo era qualcosa di più di qualche colpo sotto il par. I miei eagle non erano in via di estinzione quell'inverno a Chicago – ne feci due nelle prime quattro buche – e quando attaccai le ultime nove buche mi sentivo nelle ossa che stavo per superare 62, il record del percorso, un obiettivo che perseguivo da quando il nonno mi portò su questo campo di golf quasi mezzo secolo fa.

Con solo la 15 e la 16 da giocare (ricordate che ho cominciato dalla 17) ero già undici sotto il par. Per superare il record, non dovevo che fare il par. Poi eseguii

154

un birdie alla 15. Adesso non mi restava che fare bogey alla 16 e la 16 è il par 4 più corto e facile del percorso.

Fischiettando, mi chinai per preparare il mio ultimo drive dell'anno. Ma mentre tornavo a raddrizzarmi, una folata mi fece volar via di testa il berretto di Pebble Beach e quando mi girai per afferrarlo vidi la stessa decorazione natalizia legata alla casa vicina che mi aveva strappato dai miei sogni a occhi aperti l'anno prima.

Ancora una volta, mi costrinse a ripescare l'orologio dalla sacca in preda al panico.

Quando vidi l'ora, sentii il bisogno di cadere in ginocchio e baciare la terra semigelata di Winnetka. Avevo passato più tempo di quanto pensassi a stirarmi. Forse per un po' mi ero persino distratto. Ma anche se mi fossi imbattuto in un corteo e avessi beccato tutti i semafori rossi, sarei riuscito a tornare a casa in tempo per fare la doccia e sbarbarmi prima della cena di Natale.

In effetti, probabilmente avrei potuto finire il mio giro e rientrare a casa in orario.

Ma ce l'avrei fatta solo per un pelo.

Non mi chinai nemmeno a raccogliere la palla. Mi buttai solo la sacca sulla spalla e cominciai a correre con tutte le mie forze.

GLOSSARIETTO

Backswing La prima fase dello swing, che comprende la fase di caricamento del colpo.

Birdie (Lett. «uccellino») Buca portata a termine con un colpo in meno del par.

Bogey Buca portata a termine con un colpo in più del par.

Buca 19 Il bar della club-house.

Chip Un colpo di approccio «a correre», giocato vicino al green.

Driver Il bastone che si usa per eseguire i *drive*, i colpi di maggiore distanza, di solito in partenza.

Eagle (Lett. «aquila») Buca portata a termine con due colpi in meno del par.

Explosion Colpo effettuato per far uscire una palla affondata nella sabbia del bunker.

Fairway La zona centrale del percorso della buca, dal tee al green, dove l'erba è rasata.

Flier Un colpo che spedisce la palla più lontano del normale.

Green Parte conclusiva del percorso, dall'erba molto rasata, dove è posta la buca.

Grip Impugnatura del bastone e posizione delle mani su di essa.

Hook Colpo con rotazione della palla a sinistra.

Lie Posizione della palla sul terreno.

Par Numero di colpi che dovrebbero occorrere per completare una buca o un percorso.

Pitch Un colpo di avvicinamento al green, di media altezza.

Pull Colpo che manda la palla a sinistra del bersaglio.

Push Colpo che manda la palla diritta a destra del bersaglio.

Putt (putting) Il colpo che si esegue sul green per mandare la palla in buca.

Rough Zona del percorso non rasata che si stende intorno al fairway.

Shank Colpo ottenuto involontariamente colpendo la palla con la parte del tacco in cui s'innesta la canna.

Slice Colpo che spedisce la palla nettamente a destra.

Swing Il movimento compiuto dal giocatore per colpire la palla.

Tap-in Colpo molto corto dall'esito certo che manda la palla in buca.

Tee Zona di partenza di una buca. È anche il supporto sul quale si appoggia la palla per il primo colpo.

Wedge Bastone con la «faccia» più aperta che si usa per approcciare al green.

**Visita il sito internet
della TEA
<u>www.tealibri.it</u>
potrai:**

SCOPRIRE SUBITO LE NOVITÀ DEI TUOI AUTORI
E DEI TUOI GENERI PREFERITI

ESPLORARE IL CATALOGO ON LINE
TROVANDO DESCRIZIONI COMPLETE
PER OGNI TITOLO

FARE RICERCHE NEL CATALOGO
PER ARGOMENTO, GENERE,
AMBIENTAZIONE, PERSONAGGI...
E TROVARE IL LIBRO CHE FA PER TE

CONOSCERE I TUOI PROSSIMI
AUTORI PREFERITI

VOTARE I LIBRI CHE TI SONO PIACIUTI DI PIÙ

SEGNALARE AGLI AMICI I LIBRI
CHE TI HANNO COLPITO

E MOLTO ALTRO ANCORA...

**Vieni a scoprire il catalogo TEA su
<u>www.tealibri.it</u>**

Ti è piaciuto questo libro?
Vuoi conoscere altri lettori con cui parlarne?
Visita

InfiniteStorie.it
Il portale del romanzo

Su InfiniteStorie.it potrai:
- trovare le ultime novità dal mondo
  della narrativa
- consultare il database del romanzo
- incontrare i tuoi autori preferiti
- cercare tra le 700 più importanti librerie
italiane quella più adatta alle tue esigenze

GAY HENDRICKS
LA CONSAPEVOLEZZA
DEL GIOCATORE DI GOLF

«Il golf è il gioco più grande che c'è, e i golfisti sono le persone più fortunate della terra. Se giochi a golf vuol dire che ti sono toccati in sorte i doni più rari: camminare in mezzo alla bellezza, godere di ottima compagnia e scoprire in ogni swing la vera essenza del vivere. Insito in questo gioco c'è qualcosa di vasto e illimitato, ma anche di pratico. In particolare, il golf è l'arena ideale in cui impadronirsi delle mosse chiave del successo, utili anche negli affari e nella vita privata. Si tratta dei tre segreti del golf consapevole, imparando i quali potrai progredire non soltanto nel gioco ma anche in tutti gli altri campi della vita – e il tutto contemporaneamente! Se capisci come applicare queste abilità, saprai come attraversare l'intera parabola della tua esistenza con integrità, energia e successo.»

«È il miglior libro sul golf degli ultimi trent'anni.
Se volete eseguire un "salto quantico" nel golf o nel lavoro, leggete questo libro. Vi cambierà la vita.»
Jack Canfield, autore di *Brodo caldo per l'anima*

JAMES PATTERSON
ULTIMA MOSSA

Sono giovani, belli, palpitanti di vita. Ma una forza malvagia, inarrestabile si abbatte su di loro. Il ritrovamento dei corpi di due fidanzati, sorpresi su una pista da jogging da un misterioso assassino che beve il sangue delle sue vittime – e lascia inquietanti lacerazioni simili ai graffi di una tigre –, scatena l'allarme nell'FBI. Le voci corrono e, in seguito ad altri delitti simili, si diffonde una leggenda metropolitana su una setta di «vampiri» assetati di sangue. Alex Cross, detective e psichiatra, crede nei fatti concreti... eppure nella catena di omicidi irrisolti che si allunga pericolosamente intuisce qualcosa di nuovo e spaventoso. La sua indagine lo spingerà nel mondo oscuro dei riti magici, dei club legati all'occultismo e dei perversi giochi di ruolo, lungo una pista che lo porterà di nuovo ad affrontare il Mastermind, il suo nemico di sempre. Mai Alex Cross ha dovuto lottare così ferocemente per la sopravvivenza, mai ha affontato tanti nerrmici uniti da un sottile filo di malvagità, mai è stato così vicino a scoprire la vera, insospettabile identità del Mastermind.